Jörg Berger
MIT OFFENEN AUGEN LIEBEN

Jörg Berger

Mit offenen Augen lieben

Das Geheimnis der Partnerwahl

Über den Autor:

Jörg Berger arbeitet als Psychologe und Psychotherapeut in der Klinik Hohe Mark. Daneben schreibt er Sachbücher und hält Seminare. Mit seiner Frau und zwei Kindern lebt er bei Frankfurt am Main.

Bibliografische Information Der Deutschen Bibliothek
Die Deutsche Bibliothek verzeichnet diese Publikation in der Deutschen Nationalbibliografie; detaillierte bibliografische Daten sind im Internet über http://dnb.ddb.de abrufbar.

ISBN 978-3-86827-117-1
Alle Rechte vorbehalten
© 2009 by Verlag der Francke-Buchhandlung GmbH
35037 Marburg an der Lahn
Umschlaggestaltung: www.provinzglueck.com
Satz: Verlag der Francke-Buchhandlung GmbH
Druck: Bercker Graphischer Betrieb, Kevelaer

www.francke-buch.de

Inhaltsverzeichnis

Vorwort 7

Die Psychologie der Partnerwahl 9

Verhängnisvolle Anziehung 16

Bereit für die Liebe 35

Die Liebe prüfen 58

Ein Geschenk des Himmels empfangen 67

Nachwort 78

Literatur 80

Meiner Frau Myriam

Vorwort

Den richtigen Partner finden und eine gute Beziehung aufbauen – das sollte nicht so schwierig sein. Doch die Liebe hat ihre eigenen Gesetze. Die Vernunft rät uns, einen Partner zu wählen, der gut zu uns passt – die Liebe sucht die reizvollen Unterschiede. Die Vernunft sucht einen Partner, mit dem sich Lebensziele erreichen lassen. Die Liebe will süße Kindheitserfahrungen wiederholen und schmerzhafte überwinden.

Die psychologische Forschung hat einige Geheimnisse gelüftet, auf denen erotische Anziehung beruht. Wer sie kennt, wird es bei der Partnersuche leichter haben und Beziehungsprobleme schneller lösen. Auch langjährige Paare können ein Problem manchmal erst lösen, wenn sie noch einmal an den Beginn ihrer Beziehung zurückgehen. Dann entdecken sie die erotischen Kräfte, die die Beziehung geformt haben und die noch heute wirksam sind.

Schon das Psychologiestudium brachte mich mit einem unheimlichen Phänomen in Berührung:
- Frauen, die unter den Wutanfällen ihres Vaters litten, suchen sich einen jähzornigen Partner.
- Frauen, die als Kind häufig kritisiert wurden, geraten an einen perfektionistischen Partner, der ihnen ihre Fehler vorhält.
- Männer, die von ihrer Mutter als Bübchen verniedlicht wurden, heiraten eine Frau, die Männer nicht ernst nimmt.
- Männer, die sich als Junge sehr um ihre kranke Mutter bemüht haben, wählen eine Frau, die unter chronischer Depression leidet.

Aber das passiert doch nur den anderen, oder? Den psychisch kranken Menschen oder Menschen aus schwierigen Milieus. Doch bei einem Blick in meine Herkunftsfamilie entdeckte ich ganz Ähnliches: Die Liebesgeschichten meiner Familie sind nach einem Muster gestrickt, das sich durch die Generationen zieht, bis in die einzelnen Verzweigungen der Familie. Die Beziehungsmuster veränderten sich nur ein wenig, wenn sie weitergegeben wurden. Bald verliebte ich mich in eine Studentin und die starken Gefühle überdeckten, dass wir eigentlich nicht gut zusammenpassten. Nein, wir passten zu gut zusammen: Die Beziehung entwickelte sich zu einer Neuauflage dessen, was mir nur allzu bekannt vorkam. Das Ende dieser Beziehung hat mich traurig gemacht, aber auch sehr erleichtert. Ich war der Macht der Vergangenheit noch einmal entkommen. Jetzt würde ich eine Partnerschaft aufbauen, die zu mir passte. Oder doch nicht? Würden sich die alten erotischen Kräfte meiner bemächtigen, sobald ich mich wieder verliebte?

Als Psychotherapeut beschäftige ich mich heute mit den Folgen der Liebe. Das macht etwa ein Drittel meiner Tätigkeit aus. Ich helfe Menschen, verhängnisvolle Liebeserfahrungen aufzuarbeiten und der Liebe eine neue Richtung zu geben. Was am meisten beglückt, kann auch am tiefsten verletzen. Doch muss das Risiko nicht abschrecken. Welcher Segler würde im Hafen bleiben, nur weil das Meer gefährlich ist? Ein Segler weiß, dass er Wind und Strömung ausgesetzt ist. Aber er kann diese Kräfte einschätzen und nutzt sie, um an sein Ziel zu kommen. Dieses Buch will einige Gesetze der Liebe vermitteln. Es will Navigationshilfen geben, wie man sich den Kräften der Liebe aussetzt und sie in eine gute Richtung lenkt.

Die Psychologie der Partnerwahl

Finden sich zwei Menschen, weil sie gut zueinander passen? Oder finden sie sich, weil der eine genau das mitbringt, was dem anderen fehlt? Was bedroht eine Beziehung mehr: Langeweile oder Spannungen? Und ist es überhaupt ein Vorteil, den Partner frei wählen zu dürfen? Sind Ehepaare, die einander frei gewählt haben, glücklicher als solche, die in arrangierten Ehen leben? Auf solche Fragen antwortet die psychologische Forschung. Kommen Sie den Geheimnissen der Partnerwahl auf die Spur! Sie werden einige Prinzipien entdecken, die Sie für Ihre Partnersuche nutzen können. Und wenn Sie schon in einer Beziehung leben: Lernen Sie die Anziehungskräfte verstehen und lenken, die Ihre Partnerschaft bestimmen!

Ähnlichkeit und Unterschiede
Die meisten Paare ähneln sich von Anfang an. Sie sind vergleichbar attraktiv, intelligent, gebildet und ähneln sich in ihrem Charakter. Im Laufe der Beziehung gleicht sich das Paar weiter aneinander an. Anfängliche Unterschiede verkleinern sich mit der Zeit. Das Paar spielt sich aufeinander ein und gleicht Unterschiede aus. Dabei scheint unsere Fähigkeit gering, dauerhaft mit Unterschieden umzugehen. Je größer sie am Anfang sind, desto wahrscheinlicher ist es, dass ein Paar sich trennt. Und wenn man Paare danach fragt, wie glücklich sie in der Beziehung sind, dann bezeichnen sich diejenigen als glücklich, die einander am ähnlichsten sind.[1]

„Wie langweilig!", wird mancher denken. „Dann sagt die Forschung also, ich soll mir einen Partner suchen, der so denkt und fühlt wie ich, eine Kopie meiner selbst, nur vom anderen Geschlecht?" Nach einer solchen Art von Sicherheit sehnt sich keiner, der einen Partner sucht. Gleichzeitig können die Befunde auch beunruhigen. „Zu viele Unter-

---
1 Bas Kast (2006): Die Liebe und wie sich Leidenschaft erklärt. Fischer Taschenbuch Verlag, Frankfurt am Main. S. 84ff.

schiede und schon ist meine Beziehung gefährdet?" Wir dürfen die Herausforderung nicht unterschätzen, die es für ein Paar bedeutet, mit Unterschieden umzugehen. Dass das gelingen kann, zeigt ein Blick über den Tellerrand unserer Kultur. In Indien stehen sich Tradition und westliche Einflüsse gegenüber. So werden noch etliche Ehen von den Eltern arrangiert. Junge Menschen heiraten den Partner, den die Eltern bestimmen. Daneben gibt es die Liebesheirat, die unseren westlichen Vorstellungen von der Liebe folgt. Ein interessantes Feld für Forscher. Macht die freie Partnerwahl glücklicher? Ja, allerdings nur in den ersten fünf Ehejahren. Bereits nach fünf Jahren sind die Paare in arrangierten Ehen glücklicher als die, die einander frei gewählt haben.[2]

Die indische Studie zeigte zweierlei. Es ist eine Quelle von Glück, wenn man gut zusammenpasst, wenn der andere Eigenschaften mitbringt, die mich gut ergänzen, und ich gleichzeitig das Gefühl habe, den Partner mit meinem Wesen zu bereichern. Mittelfristig scheint es aber auf andere Dinge anzukommen: sich selbst und den anderen nicht mit Erwartungen zu überfordern, Gemeinsamkeiten aufzubauen, wo noch keine sind, und Unterschiede zu überbrücken.

Die psychologische Forschung zur Ähnlichkeit von Paaren lässt sich so zusammenfassen: Ähnlichkeit hilft dabei, eine stabile Beziehung aufzubauen. Unterschiede sind besonders dann gefährlich für eine Partnerschaft, wenn ein Paar nicht darauf vorbereitet ist, mit den Unterschieden umzugehen. Unsere Gesellschaft fördert die Selbstverwirklichung, lehrt uns aber immer weniger, wie man Gemeinsamkeiten aufbaut und geduldig in eine Beziehung investiert.[3] Daher ist es nur realistisch, wenn Menschen prüfen, wie viel Unterschiedlichkeit sie meistern können. Kann ich mit einem Menschen leben, dessen Charakter ganz gegensätzlich zu meinem ist? Kann ich mit einem Menschen leben, der von einer anderen Kultur geprägt ist? Bin ich bereit, die Beziehungsarbeit zu leisten, die es braucht, um größere Unterschiede zu überbrücken? Und ist der andere auch dazu bereit?

---

[2] Wolfgang Hantel-Quitmann (2007): Der Geheimplan der Liebe. Zur Psychologie der Partnerwahl. Herder Verlag, Freiburg. S. 39f.

[3] Jörg Berger (2009): Faszination Ich. Grenzen der Selbstverwirklichung. Hänssler Verlag, Holzgerlingen.

Die Forschungsergebnisse zu Ähnlichkeit und Unterschieden können uns eine Frage nicht beantworten: Wann verlieben sich Menschen ineinander? Kennen wir nicht alle Beispiele von Frauen und Männern, die perfekt zusammenpassen, sich aber einfach nicht ineinander verlieben? Und ist es nicht eine Offenbarung, zu erleben, in wen sich ein vertrauter Mensch verliebt? Mit der Partnerwahl offenbaren sich Vorlieben und Sehnsüchte, die im Alltag oft verborgen bleiben. Während Ähnlichkeit eine Art Lebensversicherung für die Beziehung ist, sorgen Unterschiede für die Anziehungskraft. Sie sind es, an denen sich das Verliebtsein entzündet.

Die Psychologie der Verliebtheit
Es sind psychologische Mechanismen, auf denen unser Verliebtsein beruht:
- Ein Beziehungsglück aus der Kindheit lässt sich mit einem Partner neu erleben, zum Beispiel unbeschwerte Stunden in der Natur.
- In einem Partner finden wir eine Antwort auf ein ungestilltes emotionales Bedürfnis: Ein Mann, der früher um Aufmerksamkeit kämpfen musste, findet eine Frau, die zuhört und sich für das interessiert, was in ihm vorgeht.
- Ein Partner hilft mir, eine Seite meiner selbst zu entfalten, die bisher noch keine Lebensmöglichkeit hatte, wenn etwa ein ängstlicher Mensch Mut zeigt, weil ihm der Partner etwas zutraut.[4]

Verliebtsein ist die Spitze eines Eisbergs. Wir spüren ihre Auswirkungen, aber das Entscheidende spielt sich unter der Wasseroberfläche ab. Die Liebe hat ihren Zauber und ihr Geheimnis. Wir spüren: Die Liebe ist etwas, das unseren Alltag und unser Bewusstsein übersteigt. Wenn die Anziehungskräfte eine glückliche Beziehung stiften, gibt es keinen Grund, ihr Geheimnis zu lüften. Erfüllte Liebe braucht keine Psychologie. Aber manchmal formen Anziehungskräfte die Beziehung

---
[4] Dietmar Stiemerling (2000): Was die Liebe scheitern lässt. Pfeiffer bei Klett-Cotta Verlag, Stuttgart. S. 56f, S. 107.

in einer Weise, die Spannungen erzeugt und unzufrieden macht. Dann lohnt es sich, den Anziehungskräften auf die Spur zu kommen. So gewinnt man Einfluss auf sie und kann steuern, wie sich die Beziehung entwickelt.

Verhängnisvolle Anziehung
„Was hat Sie am anderen angezogen, als Sie sich kennengelernt haben? In welche Eigenschaften haben Sie sich verliebt?" Das Paar, das vor mir sitzt, blickt mich verwundert an. Schließlich sind sie da, um ihr Problem zu besprechen. Aber dann entspannt sich die Atmosphäre und die beiden gehen in der Fantasie an den Anfang ihrer Beziehung zurück. Sie schmunzelt. Er blickt sie verstohlen an, als müsse er noch mal neu herausfinden, wer da an seiner Seite ist. Sie findet als Erste Worte: „Er war so lebensfroh, so großzügig." Und er sagt: „Ich konnte mich auf sie verlassen. Sie war so ernsthaft und zielstrebig." Sie ahnen schon: In dem, was die Anziehung ausgemacht hat, liegt schon der Keim für das Problem, das mir das Paar berichtet: Sie hat Angst, dass er zu viel Geld ausgibt. Sie fühlt sich belastet, weil er so wenig Verantwortung übernimmt. Er dagegen fühlt sich kontrolliert und hat das Gefühl, sie gönne ihm kein Vergnügen.

Diesen Zusammenhang kann man bei allen Paaren aufspüren: Was am Anfang anziehend war, fordert das Paar später heraus. Die kalifornische Psychologin Diane Felmlee ging diesem Phänomen wissenschaftlich auf den Grund. Sie befragte 300 Personen, die sich gerade getrennt hatten: „Was hat Sie am Anfang angezogen? Und wegen welcher Eigenschaften oder Verhaltensweisen haben Sie sich schließlich getrennt?" Und tatsächlich: Das Phänomen der verhängnisvollen Anziehung (fatal attraction) ließ sich nachweisen.[5] Die Eigenschaften, die zur Trennung führten, waren nur die Kehrseite der Eigenschaften, die anfangs stark angezogen haben. Beispielsweise verliebte sich ein Mann in eine fürsorgliche Frau, die er später als unerträglich bemutternd erlebte. Stär-

---
5 Diane Felmlee (1998): Fatal attractions: Contradictions in Intimate Relationships. In: John H. Harvey. Perspectives on Loss. Routledge Chapman & Hall. S. 113f.

ken und Schwächen sind zwei Seiten der gleichen Münze. Jede gute Eigenschaft hat ihre Schattenseiten. Verliebte nehmen sie nur oft nicht wahr.

In jeder Beziehung gibt es natürliche Spannungen, die ein Paar ausgleichen muss, zwischen Spaß und Verantwortung, Nähe und Abstand, Wagnis und Sicherheit. Bei der Partnerwahl entsteht oft eine Aufgabenteilung, die zunächst reizvoll ist: Der eine sorgt für den Spaß, der andere trägt die Verantwortung. Jeder kann sein Lebensgefühl in die Beziehungen einbringen, bereichert den anderen dadurch und findet bei ihm die Ergänzung, die er braucht. Aber gerade die Einseitigkeit, die jede Arbeitsteilung mit sich bringt, macht irgendwann unzufrieden: Kann denn der andere nicht auch einmal gute Laune haben und das Leben leicht nehmen? – Warum übernimmt der Partner nicht mehr Verantwortung und zerbricht sich auch einmal den Kopf, ob das Geld reicht?

Diane Felmlee fand fünf Beziehungsthemen, bei denen es besonders häufig zu verhängnisvoller Anziehung kommt:

- Spaß und Ernst (Fun vs. Seriousness)
- Bindung und Unabhängigkeit (Connection vs. Autonomy)
- Stärke und Verwundbarkeit (Strength vs. Vulnerability)
- Originalität und Vorhersehbarkeit (Novelty vs. Predictability)
- Sexuelle Ansprechbarkeit und sexuelle Zurückhaltung (Sexual vs. Chaste)[6]

Zu einem ganz ähnlichen Ergebnis kommt Jürg Willi, Psychiatrieprofessor und Psychotherapeut in Zürich. Mehrere Jahrzehnte hat er Partnerschaften erforscht und Paare psychotherapeutisch begleitet. Dabei fand er typische Beziehungsmuster, die er Kollusionen nannte. Dabei verbinden sich zwei Menschen, die beide einen ungelösten Konflikt in sich tragen. Jürg Willi schreibt: „Der gemeinsame unbewältigte Grundkonflikt wird in verschiedenen Rollen ausgetragen, was den Eindruck entstehen lässt, der eine Partner sei geradezu das Gegenteil des ande-

---

[6] Diane Felmlee (1998): Fatal attractions: Contradictions in Intimate Relationships. In: John H. Harvey. Perspectives on Loss. Routledge Chapman & Hall. S. 119f.

ren. Es handelt sich dabei aber lediglich um polarisierte Varianten des gleichen."[7]

Die Konflikte drehen sich dabei um folgende Themen:
- sich selbst aufgeben oder sich verwirklichen (narzisstische Kollusion)
- den anderen versorgen oder sich selbst versorgen lassen (orale Kollusion)
- herrschen oder beherrscht werden (anal-sadistische Kollusion)
- sexuelle Stärke oder sexuelle Schwäche zeigen (phallisch-ödipale Kollusion)[8]

So unterschiedlich die Forschungsansätze sind: Es finden sich immer ganz ähnliche Beziehungsthemen, die Paare beschäftigen. In diesem Buch orientiere ich mich an tiefenpsychologischen Konzepten, die folgende Themen in den Blick nehmen[9]:
- Macht
- Leid und Mangel
- Nähe und Abstand
- Selbstwert
- Verantwortung
- Sexualität

Diese Beziehungsthemen entfesseln Anziehungskräfte, die Menschen zusammenführen und die Entwicklung von Beziehungen prägen.

---

[7] Jürg Willi (1988): Die Zweierbeziehung. Rowohlt Verlag, Reinbeck bei Hamburg. S. 59.

[8] Jürg Willi (1988): Die Zweierbeziehung. Rowohlt Verlag, Reinbeck bei Hamburg. S. 61f.

[9] vgl. z.B.: Arbeitskreis OPD (2006): Operationalisierte Psychodynamische Diagnostik OPD-2. Das Manual für Diagnostik und Therapieplanung Huber, Bern.

Das Gehirn im Ausnahmezustand
Der Serotoninspiegel im Gehirn sinkt auf ein Niveau, das die Realitätsprüfung erschwert. Der Körper schüttet Endorphin und Phenylethylamin aus, Botenstoffe, die mit Drogen verwandt sind. Sie wecken gute Laune, Optimismus und Tatendrang und machen gegenüber Schmerz unempfindlich. Gehirnregionen, die das Verhalten hemmen, werden nahezu abgeschaltet. So lässt sich eine Krankheit beschreiben, die wir uns alle wünschen: Verliebtheit. Die Veränderungen im Hirnstoffwechsel bilden sich nach einigen Monaten zurück. Das Verliebtsein klingt ab und das Gehirn befindet sich wieder im Normalzustand.[10]

Verliebtsein hat den Zweck, eine starke Bindung aufzubauen. Es entsteht ein suchtartiges Verlangen, dem anderen nahe zu sein. Tatsächlich lassen sich Entzugserscheinungen nachweisen: Die Ausschüttung der glücksspendenden Botenstoffe verringert sich, wenn der geliebte Mensch nicht in der Nähe ist. Verliebtsein macht die Beziehung zum Wichtigsten auf der Welt und lässt über das hinwegsehen, was die Bindungen in Frage stellen könnte. Das endorphingesteuerte Hochgefühl sagt uns, dass die Liebe jedes Hindernis überwindet, jeden Unterschied überbrückt, jedes Liebesleid ertragen kann. Der Ausnahmezustand im Gehirn hilft tatsächlich, Hindernisse auszuräumen, die der Liebe im Weg stehen. Er hilft, eine starke Bindung aufzubauen, die den Anforderungen im Alltag standhält, auch dann, wenn das Verliebtsein wieder nachlässt. Aber wir wissen auch um die Nebenwirkungen des Verliebtseins. Es macht blind für die Vorgänge, die die Partnerwahl bestimmen. Und manchmal macht es blind für die Folgen der Partnerwahl.

---

10 Bas Kast (2006): Die Liebe und wie sich Leidenschaft erklärt. Fischer Taschenbuch Verlag. Frankfurt am Main. S. 89. Manfred Hassenbrauck, Beate Küpper (2002): Warum wir aufeinander fliegen. Die Gesetze der Partnerwahl. Rowohlt Verlag, Reinbeck bei Hamburg. S. 52.

Verhängnisvolle Anziehung

Oft genügen Sekunden und ein Mensch gibt preis, wie er im Leben steht: eine besondere Hilfsbereitschaft, eine souveräne Distanz, eine seltene Entschlossenheit oder eine anrührende Bereitschaft, sich unterzuordnen. Kleine Gesten in alltäglichen Situationen wecken Fantasien, was es bedeuten würde, einen Menschen näher kennenzulernen, mit ihm Zeit zu verbringen oder gar sein Leben zu teilen.

Die Psychologin Verena Kast schreibt: „In der Fantasie zeigt sich nicht nur, was dieser Partner etwa für mich sein könnte, was ich in ihm sehe, sondern auch meine Vorstellung davon, was er oder sie aus mir herausliebt, welche besten oder schlechtesten Züge er oder sie in mir belebt."[11]

Was nun, wenn ein anderer genau das hat, was mir fehlt und was mich lebendig macht? Dann entfesseln sich Anziehungskräfte, die sich als stürmische Verliebtheit zeigen oder auch als bange Sehnsucht. In diesem Kapitel beschreibe ich, was sich ereignet, wenn sich Menschen begegnen, die wie Schlüssel und Schloss zusammenpassen. Sechs Beziehungsmuster stelle ich Ihnen vor und die Lebensthemen, die sich hinter ihnen verbergen:

- Burg – Eroberer: das Beziehungsthema Nähe und Abstand
- Toller Hecht – graue Maus: das Beziehungsthema Selbstwert
- Helfer – Bedürftige: das Beziehungsthema Leid und Mangel
- Leithammel – Schaf: das Beziehungsthema Macht
- Verantwortungsträger – ewiges Kind: das Beziehungsthema Verantwortung
- Wüstling – Heilige bzw. Hure – Heiliger: das Beziehungsthema Sexualität

---

11 Verena Kast (1984): Paare. Beziehungsfantasien oder wie sich Götter in Menschen spiegeln. Kreuz Verlag, Stuttgart. S. 1.

Burg – Eroberer: das Beziehungsthema Nähe und Abstand

Menschliche Nähe beglückt – und macht verletzlich. Je näher wir einem Menschen kommen, desto weniger können wir uns seinen Wünschen entziehen, desto mehr kann er uns enttäuschen und desto mehr leiden wir unter seinen Schwächen. Daher bemühen sich die meisten Menschen darum, einen Ausgleich von Nähe und Abstand zu finden. Ein Paar kann den Ausgleich auch arbeitsteilig herstellen: Einer sorgt für die Nähe, der andere für den Abstand.

Diese Beziehungsdynamik will ich mit dem Bild einer Burg und ihrem Eroberer beschreiben. Der distanzierte Partner steht wie eine Burg in der Landschaft des Lebens, unerschütterlich, weil wenig in sein Inneres dringt. Er ist ein objektiver Beobachter, der die Dinge mit Abstand sieht. Wer einer Burg aber näher kommt, der spürt eine Einsamkeit in ihrem Inneren. Unwillkürlich entstehen Fantasien, wie es wäre, dem distanzierten Mensch näherzukommen. Haben Sie schon einmal das Vertrauen eines distanzierten Menschen gewonnen? Aufregend! Wenn ein distanzierter Menschen etwas von sich preisgibt und menschliche Nähe zulässt, gewinnt das eine besondere Intensität: Die Erfahrung von Nähe steigert sich durch die Seltenheit dieses Augenblicks und durch das Wissen, zu den wenigen zu gehören, denen sich ein distanzierter Mensch öffnet. Die Ahnung solcher Augenblicke lockt den Eroberer an.

Eroberer überbrücken den Abstand, der zunächst zwischen zwei Menschen herrscht. Sie stellen Nähe durch Blicke und Berührungen her. Sie öffnen sich und laden den anderen ein, sich zu öffnen. Eroberer stehen in der Gefahr, ihren eigenen Abstand aufzugeben und sich im anderen zu verlieren. Daher ist es für Eroberer attraktiv, wenn sie ein zurückhaltendes Gegenüber haben, das die Nähe nicht grenzenlos werden lässt. Wenn sich ein nähesuchender Mensch mit einem distanzierten verbindet, ergibt sich folgendes Beziehungsmuster:

BURG
Ich darf Abstand halten,
weil du Nähe suchst.

EROBERER
Ich darf Nähe suchen,
weil du Abstand hältst.

„Die wird als alte Jungfer enden", dachte Mark, als er Patrizia kennenlernte. Freundlich war sie, ja, und irgendwie bezaubernd in ihrer Zurückhaltung, mit ihrem Lächeln, das immer ein wenig wirkte, als ob ihr etwas peinlich wäre. Patrizia hielt Abstand. Sie blickte rasch weg, wenn man sie ansah. Patrizia kommentierte Ereignisse in einer Nüchternheit, die Mark faszinierte. Warum Mark um sie warb, kann er kaum begründen. Vielleicht weil er sie einmal erröten sah, als sich das Gespräch um Liebe drehte. Vielleicht weil er Patrizia einmal dabei erwischte, wie sie ihm nachsah, obwohl sie scheinbar unbeteiligt vor ihrem Weinglas saß.

Ein Jahr lang ließ Patrizia Mark im Unklaren. Sie wusste selbst nicht genau, was sie von Mark halten sollte. Mark verschleuderte seine Zuneigung an so viele Menschen. Ob er es wirklich ernst meinte? Aber schön war es mit Mark. Wie wenn der Frühling den Frost vertreibt, benebelt und aufwühlt, aber auch wärmt und belebt. Irgendwann öffnete sich Patrizia und begann sich zu verhalten, als wären sie schon lange ein Paar.

Mark war überwältigt. Patrizia berühren zu dürfen, ja sogar küssen – diese Momente hielten lange an. So machte es Mark nichts aus, dass sich Patrizia abends mit einem dicken Roman zurückzog. An Patrizias Seite nahm Mark Dinge in Angriff, für die ihn seine Geselligkeit bisher keine Zeit finden ließ. Mark begann eine berufsbegleitende Fortbildung.

Nach einigen Ehejahren spürte Mark eine gewisse Frustration. Warum sollte es immer an ihm liegen, ob ein Gespräch tiefer ging oder ob es zu Zärtlichkeiten kam? Manchmal kam sich Mark vor wie ein Bittsteller, der sich um Zeichen der Liebe bemühen musste. Selbst beim Sex schien Patrizia in eine eigene Welt einzutauchen, zu der Mark keinen Zugang hatte. Mark begann zu sticheln, besonders in Situationen, in denen Patrizias Reserviertheit schrullig wirkte. Er machte anzügliche Bemerkungen und überging Patrizias Distanzsignale, für die er bisher sehr sensibel gewesen war. Als es deswegen zum Streit kam, beschwerte sich Mark über die Einseitigkeit ihrer Beziehung. Patrizia fühlte sich überfordert. Ja, sie merkte, dass sie sich oft zurückzog, und hatte deshalb ein untergründiges Schuldgefühl. Aber hatte sie je mehr versprochen? Und wie sollte sie sich öffnen, wenn in der Beziehung immer mehr Druck entstand? Nun geriet die Beziehung in einen negativen Kreislauf:

BURG		EROBERER
Ich verschließe mich,		Ich erzwinge Nähe,
weil du Nähe erzwingst.		weil du dich verschließt.

Was hat Patrizia und Mark eigentlich in die Krise geführt? Jeder hat den Charakter des anderen genutzt, um sich selbst einen schwierigen Schritt zu ersparen. Patrizia hat nicht gelernt, aus sich herauszugehen, Nähe herzustellen und sie so zu gestalten, dass sie ihr angenehm ist. Und Mark musste sich sein eigenes Bedürfnis nach Abstand nicht eingestehen. Er hat die Verantwortung dafür abgegeben, dass jeder in der Beziehung eine eigene Person bleibt und sich auch selbst entwickelt.

Toller Hecht – graue Maus: das Beziehungsthema Selbstwert
Ein gutes Selbstwertgefühl lässt sich auf zwei Wegen finden. Entweder wir entdecken an uns liebenswerte Eigenschaften. Oder wir suchen uns liebenswerte, begabte Menschen, denen wir uns zugehörig fühlen und die auf indirekte Weise unser Selbstwertgefühl stärken: „Ich genieße die Zuneigung und Unterstützung eines tollen Menschen!" Beide Wege haben ihr eigenes Risiko. Wenn wir unsere guten Eigenschaften und Stärken zeigen, dann wecken wir womöglich Erwartungen bei anderen, die wir nicht erfüllen können. Außerdem fühlt sich vielleicht jemand durch uns in seinem Selbstwert bedroht und beginnt, uns persönlich anzugreifen. Aber wenn wir farblos bleiben und die Nähe zu begabten Menschen suchen, fühlen wir uns ihnen nicht irgendwann unterlegen?

Bescheiden bleiben oder die eigenen Qualitäten zeigen? In einer Partnerschaft lässt sich dieser Konflikt arbeitsteilig lösen. Einer übernimmt die Rolle des tollen Hechts, der andere die der grauen Maus. Daher kommt es zu starken Anziehungskräften, wenn sich ein toller Hecht und eine graue Maus begegnen. Die graue Maus ist überwältigt, dass sich ein toller Hecht für sie interessiert. Sie hört gar nicht mehr auf, immer neue schöne Seiten an ihrem Hecht zu entdecken. Sie ist berührt und staunt, wie ihr Leben durch ihn eine ganz neue Qualität gewinnt. Was der tolle Hecht in dieser Beziehung genießt, kann man leicht erraten. Es ergibt sich ein Beziehungsmuster, das sich so zusammenfassen lässt:

TOLLER HECHT
Ich berühre dich mit meinen Qualitäten, weil du mich bewunderst.

GRAUE MAUS
Ich bewundere dich, weil du mich mit deinen Qualitäten berührst.

Beinahe hätte Robert Lisa übersehen. Gewiss, sie war hübsch, aber man musste zweimal hinsehen, um das zu bemerken. Lisa trug eine unscheinbare Brille und das Haar mit einem Gummi zum Zopf gebunden, wie es Schulmädchen tun. Unter ihrem Schwesternkittel trug sie eine Strickjacke. „Das kann ja noch werden", dachte sich Robert und lud Lisa in ein Café ein. Lisa blockte ab. Was kann ein attraktiver Arzt von ihr wollen? Robert ging ein toller Ruf voraus: kompetent, beliebt beim Chef, beliebt bei den Patienten. Robert ließ sich nicht abwimmeln. Beim nächsten Nachtdienst steckte er Lisa einen Brief zu, in dem er mit großer Poesie beschrieb, was er an Lisa mochte. Er schrieb ihr, wie frei und entspannt er sich in ihrer Gegenwart fühlte. „Ich könnte ihn total blamieren, wenn ich anderen diesen Brief zeige", dachte Lisa. Gerade das rührte Lisa, dass sich einer wie Robert so klein vor ihr machte.

Lisa gab Roberts Werben nach. Sie staunte über seine Bildung und die Welt, die sich ihr durch Robert eröffnete. Lisa begann sich schick anzuziehen. Sie meldete sich im Fitnessstudio an und wechselte zu einem Friseur, den ihr Robert empfahl. Alten Bekannten blieb die Luft weg, als sie Lisa begegneten. Und Robert genoss es, wie sich Lisa an seiner Seite entfaltete.

Die Probleme begannen, als Robert Oberarzt wurde. Robert besaß zwar noch immer die Gunst seines Chefs. Aber die Assistenzärzte schienen ihm seinen Aufstieg nicht zu verzeihen. Sie unterliefen seine Anweisungen. Ihm dagegen kreideten sie jede Nachlässigkeit an. Robert stand kurz vor einem Burn-out. Gerne hätte er Lisa seine Not gezeigt, aber die hielt an dem Bild fest, das sie von ihm hatte. „Ach, du schaffst das schon. Du bist denen doch haushoch überlegen." Robert verlor seine Energie, die er auch in die Partnerschaft investiert hatte. Er setzte sich abends mit einem Bier vor den Fernseher. Lisa bemerkte das und stichelte: „Na, von Beethoven zu Bohlen ist schon ein Abstieg." Lisa wunderte sich selbst über ihre Gemeinheit, sie war einfach frustriert. Warum musste sich Robert so hängen lassen? Lisa merkte, dass er sich nach Lob und Aufmerksamkeit sehnte, aber im Moment zeigte er so wenig Liebenswertes. Robert zog eine bittere Bilanz: Der tolle Freundeskreis, die tolle Wohnung, letztlich auch ihre Ausstrahlung und Attraktivität – hatte Lisa nicht alles ihm zu verdanken? Warum konnte das nicht mal genug sein? Warum musste er immer noch mehr bringen? Und warum rutschte die Beziehung ab, wenn er einmal nicht so konnte? Robert begann, außerhalb der Beziehung Bestätigung zu suchen: Er flirtete wieder im Krankenhaus. Er hielt viele Fortbildungen.

Robert und Lisa sind in einen negativen Kreislauf geraten:

TOLLER HECHT
Ich enttäusche deine
Erwartungen, weil du
mich missbilligst.

GRAUE MAUS
Ich missbillige dich, weil
du meine Erwartungen
enttäuschst.

Erst in der Krise offenbart sich: Beide haben die Paarbeziehung genutzt, um sich ein Eingeständnis zu ersparen. Robert spielte die Rolle des tollen Hechts, um sein Selbstwertgefühl zu stützen. Und Lisa wählte die Rolle der grauen Maus. Sie verzichtete darauf, selbst etwas aus sich zu machen und vermied damit Risiken, die dem Selbstwertgefühl drohen: zu scheitern, sich zu blamieren, Kritik auf sich zu lenken.

Helfer – Bedürftige: das Beziehungsthema Leid und Mangel
Viele Menschen wachsen mit einem emotionalen Mangel auf: mit Eltern, die sie vernachlässigen oder mit Gefühlen wenig anfangen können; mit

Eltern, die vom Leben überfordert sind und in ihren Kindern eine Stütze suchen, statt ihnen selbst eine zu sein. Nicht wenige Menschen wachsen unter der Last eines Schicksalsschlages auf, sie haben ein Elternteil verloren oder materielle Not erlebt. Angesichts der Not mussten ihre Bedürfnisse zurückstehen. Mit einem emotionalen Mangel kann man in zweierlei Weise umgehen. Die einen versuchen in ihrem Leben etwas nachzuholen von dem, was es in ihrer Kindheit zu wenig gab. In ihren Beziehungen suchen sie Liebe, Trost und jemanden, der ihre Verletzungen versteht. Andere macht der eigene Mangel empfindsam für das Leid anderer. Sie entwickeln ein besonderes Einfühlungsvermögen. Sie spüren, was andere brauchen, und wenden sich ihnen zu.

Wenn sich Helfer und Bedürftige finden, entsteht eine starke Verbindung:

HELFER
Ich helfe dir,
weil du mich brauchst.

BEDÜRFTIGE
Ich brauche dich, weil
du mir hilfst.

Der Partner, der die bedürftige Rolle einnimmt, erhält die emotionale Zuwendung, nach der er sich immer gesehnt hat. Aber auch der Helfer überwindet seinen Mangel und fühlt sich reich, nämlich darin, dass er viel zu geben hat. Er erlebt hautnah mit, wie er die Bedürfnisse des anderen stillt, und kann daran anteilnehmen, ohne dass er sich die eigene Bedürftigkeit eingestehen muss.

Claudia beugt sich über die Akten, damit niemand ihre feuchten Augen sieht. Aber Ralf hat sie doch gesehen. Er legt seine Hand auf Claudias Schulter und setzt sich auf die Schreibtischkante. „Was ist los?" „Ach nichts", sagt Claudia. Ralf beharrt: „Lass uns in der Pause einen Kaffee trinken gehen." Claudia folgt der Einladung und vertraut sich Ralf an. Ihr jähzorniger Vater will Claudias Mutter auf die Straße setzen. Es ist der Streit, den Claudia schon von klein auf kennt: die

Sturheit und Aggression ihres Vaters, die Schwäche und Passivität ihrer Mutter. Aber Claudia kann nicht ausziehen, weil ihr Ausbildungsgehalt nicht für eine eigene Wohnung reicht. „Komm doch für ein paar Wochen zu mir", bietet Ralf an. „Ich habe ein Gästezimmer." Diese Einladung schlägt Claudia aus. Aber bei Claudia hat es gefunkt. Sie trifft sich nun häufiger mit Ralf. Sie blüht an seiner Seite auf.

Ralf ist von Claudia berührt wie noch von keiner anderen Frau. Er fühlt sich erfüllt, als würde er den Sinn seines Lebens finden. Ralf stammt aus einem intakten Elternhaus. Sein Vater ist leitender Beamter, korrekt, aber distanziert. Ralfs Mutter bemühte sich immer sehr darum, dass alles repräsentativ ist: das Haus, Kleidung und Auftreten der Familie. Aber hinter der schönen Fassade herrschte ein emotionaler Mangel, der Ralf geprägt hat. Es gab wenig Nähe, wenig Gelegenheit sich zu öffnen und sich anzuvertrauen, wenig Beachtung für alles, was nicht mit Leistung zusammenhängt. So schätzt Ralf die intensiven Gefühle, die er in der Liebe zu Claudia erlebt. Es ist nicht seine Leistung, es ist seine liebevolle Aufmerksamkeit, die Claudia tröstet und zum Blühen bringt.

Mit der Zeit wird Claudia unzufrieden. Ralf ist zu jedem großzügig, ständig ist er unterwegs, um jemandem beim Umzug zu helfen oder bei seinen Eltern anzupacken. Ralf macht viele Überstunden. Und wenn Ralf mit Claudia etwas unternimmt, ist er manchmal mit seinen Gedanken bei anderen. Zugegeben, Ralf reagiert immer noch sehr aufmerksam auf Claudias Wünsche, aber er ist kein guter Zuhörer. Ralfs Anteilnahme erlahmt, wenn sich für etwas keine schnelle Lösung finden lässt. Claudia versucht ihre Unzufriedenheit zu verbergen und nicht zu zeigen, dass sie eifersüchtig auf die ist, für die sich Ralf einsetzt. Aber im Streit bricht es aus ihr heraus. Sie macht Ralf Vorwürfe und klagt Zuwendung ein. Ralf fühlt sich wie ein Automat, an dem sich alle bedienen wollen. Es trifft ihn, dass ausgerechnet Claudia unzufrieden ist, wo er doch so viel in sie investiert hat. Ralf hat keine Lust mehr. Er will jetzt machen, was ihm guttut.

So kann die Beziehung zwischen Helfern und Bedürftigen in einen negativen Kreislauf geraten.

HELFER
Ich entziehe mich,
weil du so viel
Zuwendung forderst.

BEDÜRFTIGE
Ich fordere Zuwendung,
weil du dich entziehst.

Die Aufgabenteilung in der Beziehung hat beiden einen Entwicklungsschritt erspart, vor dem jeder Angst hatte. Die Bedürftige hat noch keinen Weg gefunden, den eigenen Mangel zu verschmerzen und damit umzugehen, dass auch heute nicht jedes Bedürfniss gestillt wird. Der Helfer hat sich seine eigenen Bedürfnisse nicht eingestanden und noch nicht gelernt, wie er auf seine Kosten kommt. Ralf bringt seine Bedürfnisse nicht in die Partnerschaft ein, was Claudia frustriert. Claudia kann dadurch wenig zurückgeben.

Leithammel – Schaf: das Beziehungsthema Macht

Macht hat ihren Reiz. Wer Macht hat, übt Einfluss aus und wird in seiner Stärke respektiert. Er kann bestimmen, wie sich die Dinge entwickeln, und sie nach den eigenen Vorstellungen formen. Aber Macht hat auch ihre Kehrseite. Denn sie fliegt niemandem zu. Macht muss erstritten werden. Wer Macht will, muss sich im Konkurrenzkampf durchsetzen und sein Revier immer neu verteidigen. Und nicht zuletzt belastet Macht auch das Gewissen. Wer Entscheidungen trifft, kann nicht allen und allem gerecht werden.

Manche Menschen haben die Sehnsucht, von den Kämpfen des Lebens verschont zu bleiben und ihre moralische Unschuld zu bewahren. Sie sehnen sich nach einem starken Gegenüber, das die Kämpfe des Lebens austragen kann und entschlossen genug ist, Entscheidungen zu treffen. Menschen mit dieser Sehnsucht nehmen in Beziehungen eine sanfte und folgsame Rolle ein. Deshalb erlaube ich mir, sie als Schaf zu bezeichnen. Schafe zeigen ihre Schutzbedürftigkeit und zögern lange, wenn Entscheidungen anstehen. Sie sind ganz fasziniert, wenn sie auf einen Leithammel treffen, der kämpfen und führen kann. Wenn sich

Schaf und Leithammel finden, setzt sich der Leithammel mit unangenehmen Nachbarn auseinander, mit Behörden oder der Autowerkstatt. Das Schaf stärkt dem Leithammel den Rücken. Es schafft eine friedfertige Atmosphäre, in der sich der Leithammel von seinen Kämpfen erholen kann. Nur wenn der Leithammel zu hart auftritt, ruft ihn das Schaf zurück. So wird das Schaf zum Gewissen der Beziehung. Das entlastet auch den Leithammel, der Gewissensfragen bei seinem Partner gut aufgehoben weiß.

Das Beziehungsmuster von Schaf und Leithammel lässt sich so darstellen:

LEITHAMMEL
Ich darf stark sein,
weil du mir folgst und
mich moralisch
unterstützt.

SCHAF
Ich folge dir, weil du
stark bist und für mich
kämpfst.

Friedhelm zu begegnen fühlt sich an, als würde man an eine Batterie angeschlossen. Schon von seinem Handschlag geht Energie aus. Friedhelms Stimme ist laut und klar. Sein Blick ist überwach, als dürfe ihm kein Detail entgehen. Friedhelms erste Partnerschaft endete im Streit. Dann kam Sara in sein Leben: sanft, in Alltagsdingen etwas unbeholfen, aber mit einem großen Herzen. Während Friedhelm auch dort Feinde wittert, wo keine sind, sieht Sara vor allem das Gute im Menschen. Manchmal bemerkt sie erst hinterher, wie sich andere auf ihre Kosten durchsetzen. Friedhelm findet bei Sara einen ruhigen und sicheren Hafen, was er nach dem Streit in der letzten Beziehung besonders schätzt. Friedhelm bringt Ordnung in das gemeinsame Leben. Er regelt die Finanzen, er setzt bei Saras Vermieter durch, worum Sara schon seit Jahren gebeten hat. Friedhelm hat eine Vorstellung von einer gemeinsamen Zukunft, auf die er konsequent hinarbeitet. Sara hat sich vom Leben überfordert gefühlt. An Friedhelms Seite fällt eine Last von ihr, Friedhelm ist so stark und gleichzeitig so anteilnehmend. Ein Traum!

Wäre da nicht Saras Tochter aus ihrer ersten Ehe. Friedhelm bemerkt, dass Sara inkonsequent ist in der Erziehung. Auch hier greift Friedhelm schnell ein und versucht einen guten Kurs in die Erziehung zu bringen. Saras Tochter mag Friedhelm, aber gegen seine Erziehungsversuche wehrt sie sich erbittert. Sara war zunächst beeindruckt von Friedhelms Konsequenz, von seiner Fähigkeit Regeln aufzustellen und ihre Tochter wie eine Erwachsene anzusprechen. Schließlich leidet Sara aber unter der dicken Luft zu Hause und sieht, dass ihre Tochter nicht gegen Friedhelms Stärke ankommt. Sie versucht Friedhelm zu bremsen. Nun hat Friedhelm das Gefühl, dass Sara ihm in den Rücken fällt. Der Konflikt weitet sich auf die Partnerschaft aus. Sara erlebt Friedhelm als tyrannisch, weil er ihre Meinung nicht gelten lässt und sich durchsetzen will. Sie erlebt nun, was sie am meisten fürchtet: Streit in den eigenen vier Wänden.

In diesem Konflikt verändert sich das Beziehungsmuster:

LEITHAMMEL
Ich übe Druck aus,
weil du dich gegen mich
stellst.

SCHAF
Ich stelle mich gegen
dich, weil du Druck
ausübst.

Manchmal gerät das Schaf in eine Situation, in der es seine Loyalität aufteilen muss, wie Sara, die sich auch ihrer Tochter verpflichtet fühlt. Es bedroht den Leithammel, wenn er sich nicht mehr moralisch unterstützt sieht. Er versucht, das Schaf wieder auf seine Seite zu ziehen, und in diesem Konflikt richtet er seine Stärke plötzlich gegen das Schaf. Der Leithammel kann nicht nachgeben, weil er sich Schwäche nicht eingestehen kann. Das Schaf kann sich nicht durchsetzen, selbst wenn es im Recht ist. Es hat keine Stärke entwickelt und sein Recht auf Entscheidungen an den Leithammel abgetreten.

Verantwortungsträger – ewiges Kind: das Beziehungsthema Verantwortung

Verantwortung für die Gesundheit, für die Finanzen, für die eigene Zukuft, für andere Menschen – Verantwortung ist der Preis, den wir für das Erwachsenwerden zahlen. Wo wir ihr nicht gerecht werden, suchen uns Schuldgefühle heim. Mancher sehnt sich nach der Kindheit zurück, in der er frei war von der Last der Verantwortung. Andererseits gibt es kaum ein tieferes Gefühl von Befriedigung als das, einer Verantwortung gerecht zu werden.

So kann man auf zweierlei Weise mit Verantwortung umgehen: sich ihr entziehen oder sich anstrengen, um ihr gerecht zu werden. Die einen begegnen uns als ewige Kinder, die das Leben leicht nehmen. Die anderen sind ernst und immer etwas gestresst, als Verantwortungsträger wissen sie um ihre Pflichten. Ewige Kinder und Verantwortungsträger üben eine Faszination aufeinander aus. Verantwortungsträger bewundern die Großzügigkeit und Leichtigkeit, die sie an ewigen Kindern entdecken. In ihrer Gegenwart finden Verantwortungsträger Entspannung und Genuss, was sie sich selbst verbieten. Auch den ewigen Kindern macht es Spaß, einem anderen Lebendigkeit und Lebensfreude zu entlocken. Dagegen gibt ein Verantwortungsträger einem ewigen Kind Sicherheit. Ewige Kinder spüren untergründig, dass von ihrer Lockerheit eine Gefahr ausgeht. Sie ahnen ihr Unvermögen, etwas durch Disziplin zu erreichen und Verantwortung für die eigene Zukunft zu übernehmen. Als Paar verbinden sich ewige Kinder und Verantwortungsträger zu einem perfekten Team:

VERANTWORTUNGSTRÄGER
Ich trage die Verantwortung für dich, weil du so locker und lebendig bist.

EWIGES KIND
Ich bin so locker und lebendig, weil du die Verantwortung trägst.

Raphaela musterte Frank kritisch, während er sprach. Frank lachte ein wenig zu laut. Er schien seine Ansichten aus dem Augenblick heraus zu gewinnen, ganz nach Situation und Stimmung. Trotz ihrem kritischen Abstand fühlte sich Raphaela pudelwohl. Sie spürte plötzlich Lust, ein Glas Wein zu viel zu trinken, einen Impuls, den sie zuletzt als Jugendliche hatte. Der Abend ging zu Ende, ohne dass Frank auf die Idee kam, Telefonnummern auszutauschen oder eine Verabredung zu treffen. „War's das jetzt?", fragte Raphaela beim Abschied und es klang wie ein Vorwurf. Frank lächelte wie ein Schüler, der seine Hausaufgaben nicht gemacht hat, und bat Raphaela um ihre Telefonnummer.

Es war Raphaelas Zielstrebigkeit und Konsequenz, die Frank anzog. Was Raphaela anpackte, das zog sie durch. Sie hatte ein großes Herz für andere Menschen und auch Einfluss auf sie. Frank trug so viel ungerichtete Engergie in sich. In Beziehungsdingen war ihm Raphaela allerdings ein wenig zu zielstrebig. Frank genoss die Liebe zu ihr genauso wie die Freiheiten seines Studentenlebens. Dieser Zustand hätte für ihn ewig andauern können. Raphaela dagegen schien das gemeinsame Leben schon durchgeplant zu haben. Das schreckte Frank ab und er dachte an Trennung. Aber schließlich wog er ab: „Wenn es schon unvermeidlich ist, sich zu binden, dann ist Raphaela die Beste dafür."

Als sie heirateten, bestritt Raphaela zunächst den Lebensunterhalt. Frank machte auf seinem Weg zum Journalisten einige unbezahlte Praktika. Raphaela war es auch, die der Beziehung Impulse gab. Wenn es Spannungen gab, sprach sie die Dinge an. Sie organisierte gemeinsame Abende. Dafür verführte Frank sie zu einem Urlaub, der eigentlich über ihre Verhältnisse ging. Der Urlaub war wunderschön, aber Raphaela erlebte hinterher eine Art Kater. Ihr Gewissen hatte dem Urlaub nicht zugestimmt. Auf einmal fragte sich Raphaela, warum nur sie sich dafür verantwortlich fühlte, dass das Geld nicht ausging und Probleme gelöst wurden. Selbst defekte Haushaltsgeräte ließ Frank so lange liegen, bis Raphaela sie wegbrachte. Raphaela versuchte Frank mehr in die Pflicht zu nehmen. Frank reagierte abwehrend. Er erlebte Raphaela ohnehin manchmal wie eine Mutter, die ihn an seine Pflichten erinnerte. „Ich würde mich doch auch irgendwann um die Sachen kümmern. Du kommst mir halt immer zuvor. Sei doch einfach mal locker!"

Ihr unterschiedlicher Umgang mit Verantwortung hat Raphaela und Frank in einen negativen Kreislauf geführt:

VERANTWORTUNGSTRÄGER
Ich fühle mich so
verantwortlich,
weil du so lässig bist.

EWIGES KIND
Ich bin so lässig, weil du
mir die Verantwortung
abnimmst.

In einer solchen Beziehung erspart es sich das ewige Kind, den Ernst des Lebens anzunehmen, die Last der Verantwortung zu tragen und gegen den inneren Schweinehund zu kämpfen. Der Verantwortungsträger dagegen scheut das Risiko, das im Genuss liegt, seinen Impulsen nachzugehen. So lässt er das ewige Kind für Lebenslust und Entspannung sorgen.

Wüstling – Heilige bzw. Hure – Heiliger: das Beziehungsthema Sexualität
Wer sich der Sexualität nähert, fühlt sich als Frau oder Mann lebendig und tritt in eine aufregende Lebenssphäre ein. Doch Sexualität hat auch dunkle Seiten. Sie bewegt Menschen, gegen ihre moralischen Überzeugungen zu handeln. Menschen werden verführt, ausgenutzt, in ihren Gefühlen verletzt. Daher lebt derjenige sicherer, der sich von der Sexualität fernhält, sicherer in moralischer, aber auch in emotionaler Hinsicht.

Sexuell ansprechbar zu sein und dennoch Herr über die sexuellen Kräfte zu bleiben, gehört zu den schwierigsten Lebensaufgaben des Menschen. Einfacher scheint eine Aufgabenteilung zu sein: Ein Partner steht für Unschuld, er hält eine Distanz gegenüber seinen Trieben. Wer einen solchen Partner an seiner Seite hat, kann sich der Sexualität überlassen: sexuell ansprechbar sein, sexuelle Fantasien zulassen, das Gespräch auf sexuelle Themen lenken, die sexuelle Initiative ergreifen. Das kann er ohne Risiko tun, denn der andere sorgt dafür, dass die sexuelle Energie gebremst wird.

Auch das Beziehungsthema Sexualität kann daher starke Anziehungskräfte wecken. Die sexuelle Ansprechbarkeit eines Menschen fasziniert, aber auch die Unschuld und sexuelle Charakterstärke eines Menschen. Wenn dieser Gegensatz zwei Menschen zusammenführt, ergibt sich folgendes Beziehungsmuster:

HURE/WÜSTLING
Ich kann so sinnlich sei,
weil du so unschuldig bist.

HEILIGER/HEILIGE
Ich kann so unschuldig
sein, weil du so sinnlich
bist.

Wolfgang blickt auf einige schlechte Erfahrungen zurück. Er hat die Liebe von Frauen sexuell ausgenutzt, sich hinterher aber nie ganz wohl damit gefühlt. Schließlich geriet er an eine Frau, die mit ihm gespielt hat, und das Ende dieser Beziehung hat ihn sehr mitgenommen. Kurz darauf lernte er Gisela kennen. Gisela ging der Ruf einer kühlen Blondine voraus, attraktiv, aber frostig gegenüber jeder männlichen Annäherung. In seinem demoralisierten Zustand wäre Wolfgang auch nicht auf die Idee gekommen, um Gisela zu werben. Sie kamen sich dennoch näher, die Beziehung entwickelte sich freundschaftlich. Ihr Gespräch drehte sich häufig um sexuelle Themen. Gisela bewunderte, wie offen und sicher Wolfgang über solche Themen reden konnte. In ihren Gesprächen verstand sie zum ersten Mal, wie Männer ticken, und fühlte sich dennoch sicher bei Wolfgang.

Es war diese Sicherheit, die Gisela erlaubte, sich als Frau lebendig zu fühlen und so etwas wie sexuelle Neugier zu entwickeln. So war es auch Gisela, die grünes Licht für eine erotische Annäherung gab. Wolfgang erlebte die Zärtlichkeiten mit ihr als etwas Heiliges. Der Beigeschmack des Schmutzigen, den er früher erlebt hatte, fiel in Giselas Gegenwart ab.

Vor der Hochzeit gestand Gisela, dass ihr Vater sie als Mädchen sexuell missbraucht hatte. Und dass der Vater überhaupt eine anzügliche Atmosphäre in der Familie geschaffen hatte. Sie erklärte Wolfgang, dass manche Berührungen sie sehr erschreckten und sich für sie eklig anfühlten. Das rührte Wolfgang und er entwickelte sich zu einem einfühlsamen Liebhaber, der Giselas Sexualität zum Leben erweckte. Doch Wolfgang bemerkte, wie sich seine Sexualität zweigleisig entwickelte. Im Internet suchte er nach Nacktfotos von Frauen, die sich vulgär präsentierten. Unmöglich, das Gisela zu gestehen. Und noch unmöglicher, Gisela ein vulgäres Liebesspiel vorzuschlagen. Wolfgang blitzte schon ab, wenn er einmal eine anzügliche Bemerkung machte. Die Situation eskalierte, als sich Wolfgang einmal dabei erwischen ließ, wie er im Internet andere Frauen ansah. Hatte Wolfgang das provoziert? Wolfgang schüttete seinen sexuellen Frust vor Gisela aus. Immer der korrekte Liebhaber sein ist langweilig. Warum sollte er büßen, was ein anderer Mann an Gisela verbrochen hatte?

Gisela war verstört. Dass Männer ihre triebhaften Seiten haben, hatte sie verstanden. Sie hätte Wolfgang auch seine Eskapaden im Internet verziehen. Dass er aber nun das Triebhafte von ihr forderte, das schockierte sie: „Du hast doch keine Hure geheiratet." Gisela zog sich sexuell zurück, obwohl sie ahnte, dass sie damit nur Öl ins Feuer goss. Aber was sollte sie tun? Sie sah den negativen Kreislauf, fühlte sich aber ohnmächtig:

WÜSTLING
Ich bin so triebhaft, weil du dich sexuell verweigerst.

HEILIGE
ich verweigere mich sexuell, weil du so triebhaft bist.

Die Beziehungsdynamik entfaltet sich etwas anders, wenn der Mann den asexuellen Pol besetzt und die Frau den sexuellen Pol.

Peter dachte, so etwas gibt es nur in Film. Andrea hatte ihn angemacht, mit provozierenden Blicken, mit flüchtigen Berührungen, mit einladenden Posen. Peter war von diesem weiblichen Überfall so überrumpelt, dass er zwar auf die Annäherung, nicht aber auf die Anmache reagierte. So unterhielten sie sich lange. Andrea betonte, wie er als

Mann und sie als Frau die Dinge sahen. Peter verhielt sich eher väterlich, er war ohnehin älter und es hätte wirken können, als ob ein Vater mit seiner hübschen Tochter plaudere. Peter stellte keine anzügliche Nähe her und spielte nicht den Macho. Das beeindruckte Andrea. Einen Augenblick überlegte Andrea, ob Peter schwul sei, das schien ihr aber abwegig. Vielmehr schien Peter als Mann in sich zu ruhen und es nicht nötig zu haben, sexuelle Abenteuer zu suchen. Peter war tatsächlich gelassen. Er wagte es gar nicht, sich zu verlieben, diese vor weiblicher Lebendigkeit sprühende Frau schien ihm eine Nummer zu groß. Nie hätte er sich ihr von sich aus genähert. So wartete Peter ab. Erst als ihn Andrea in Situationen brachte, in denen sie wie ein Paar wirken mussten, gestand sich Peter seine Liebe ein. Besonders wenn sie in Gesellschaft waren, stellte Andrea eine knisternde Atmosphäre her, die bei anderen Aufmerksamkeit und Neid weckte. Zu Hause war es weniger erotisch. Sie lebten eher wie Geschwister miteinander. Peter war ganz froh, dass sie sich mit dem Sex Zeit ließen, denn er spürte eine untergründige Angst: Würde er eine Frau wie Andrea befriedigen können?

Später wurde der Sex tatsächlich zum Problem. Andrea wirkte nicht, als ob sie sexuell stark empfinden würde. Manchmal kam sie nicht zum Höhepunkt, manchmal fragte sich Peter, ob sie etwas vorgespielt hatte. Peter hatte die Fantasie, er müsse ein ganz anderer Typ sein, um sie zu erregen: machohaft, fordernd, vulgär. Also genau wie die Männer, über die Andrea immer geklagt hatte. Tatsächlich deutete Andrea an, Peter sei so korrekt im Bett. Einmal blieb Peters Erektion aus, Andrea reagierte amüsiert. Jetzt war es vorbei, die Versagensangst beschäftigte Peter so, dass auch er sexuell nicht mehr viel empfand. Was war nur los? Es war so aufregend, mit Andrea zusammenzuleben, warum klappte es denn im Bett nicht? Beide hätten mit dem Problem leben können, wenn es sich nicht auf die Beziehung ausgeweitet hätte. Andrea erlebte Peter als passiv. Peter widersprach selten und fügte sich Andreas Wünschen. Sie hatte die Hosen an in der Beziehung. Das ärgerte Andrea. Sie drängte Peter, mehr männliche Stärke zu entwickeln und mehr Führung zu übernehmen. „Was willst du denn?", entgegnete Peter. „In meiner Firma habe ich acht Leute unter mir. Soll ich denn hier den Macho spielen?" Die Beziehung ist in einen negativen Kreislauf geraten, der sich so zusammenfassen lässt:

HURE
Ich bin sexuell fordernd, weil du so ein Schlappschwanz bist.

HEILIGER
Ich komme mir vor wie ein Schlappschwanz, weil du sexuell so fordernd bist.

Auch das Beziehungsthema Sexualität kann in eine Sackgasse führen, wenn zwei Partner eine Entwicklungsaufgabe an den anderen delegieren, die sie selbst vermeiden: Ein Partner vermeidet es, sexuelle Stärke zu entwickeln und mit der dunklen Seite der Sexualität in Berührung zu kommen. Der andere Partner lernt nicht, seine sexuelle Entfaltung zu begrenzen.[12]

Erotische Vorprägungen
Beziehungsthemen gestalten sich bei jedem Paar in seiner eigenen Weise. Macht zum Beispiel kann sich auf unterschiedliche Weise ausdrücken: Manche zwingen ihrem Partner die eigenen Spielregeln auf, etwa eine übertriebene Ordnung oder eine übertriebene Orientierung an dem, was die Leute denken. Manchmal verpflichtet ein Partner den anderen auf ein moralisch korrektes Verhalten, erlaubt sich aber selbst Heimlichkeiten, Lautwerden und verletzende Bemerkungen. Schließlich gibt es auch die Macht eines Schwachen, der z. B. gesundheitliche Probleme hat und Rücksichtnahme zum obersten Gebot macht. So gibt es bei allen Beziehungsthemen Variationen, die dennoch zu ganz typischen Anziehungskräften und Beziehungsmustern führen. Weil es das gleiche Beziehungsthema ist, das ein Paar verbindet, können die Rollen auch wechseln: Wenn ein toller Hecht einen beruflichen Misserfolg verkraften muss, wird er sich vielleicht minderwertig fühlen. Dann bewundert er seine graue

---

12 Jörg, Berger (2007): Ein loderndes Feuer. Frauen, Männer und das Wagnis der Intimität. Verlag der Francke-Buchhandlung, Marburg.

Maus, die in Gefühlsdingen und Beziehungen schon immer geschickter war. Nun genießt sie Bewunderung, gewinnt Stärke und wird plötzlich eine leuchtende Frau an der Seite eines Partners, der seinen Glanz verloren hat, sich nun aber an den Qualitäten seiner Frau aufrichtet.

Beziehungsthemen entwickeln sich in der Kindheit und bewirken eine erotische Vorprägung. Menschen ziehen sich an, die vom gleichen Beziehungsthema bewegt sind, dieses aber auf ganz unterschiedliche Weise ausleben. Haben Sie Ihr Beziehungsthema schon erkannt? Folgenden Fragen helfen Ihnen dabei.

Fragen zu Selbsterkundung

- Welches Beziehungsthema hat Ihre Eltern beschäftigt? Welches Beziehungsmuster entdecken Sie bei ihnen? Was haben Ihre Eltern aneinander gemocht? Worüber haben sie gestritten?
- Welcher Typ Frau/Mann spricht Sie an?
  - Offener, warmherziger Typ? Unabhängiger, distanzierter Typ?
  - Beeindruckender Typ? Verunsicherter Typ, der Sie bewundert?
  - Mitfühlender, helfender Typ? Empfänglicher, seine Bedürfnisse zeigender Typ?
  - Starker, durchsetzungsfähiger Typ? Anpassungsbereiter, ausgleichender Typ?
  - Verantwortungsstarker Typ? Kindlich verspielter Typ?
  - Sexy Typ? Im Bezug auf Sexuelles charakterstarker Typ?
- Welcher Typ wären Sie am liebsten, wenn Sie es sich aussuchen könnten?
- Falls Sie in einer Beziehung leben oder schon einmal eine Paarbeziehung hatten: Welches Beziehungsmuster hat sich bei Ihnen eingestellt?
- Gibt es ein Paar, dessen Beziehung Sie bewundern? Welches Beziehungsmuster verwirklichen die beiden? Gibt es ein Paar, dessen Beziehung Sie abschreckt? In welches Beziehungsmuster ist es verstrickt? (Wenn Sie auf die Beziehung eines Paares emotional reagieren, lebt es vermutlich Ihr Beziehungsthema aus.)

Bereit für die Liebe

In diesem Kapitel stelle ich Ihnen sechs Haltungen vor, die der Liebe eine Chance geben: Initiative, Anteilnahme, Nahbarkeit, Profil, Verantwortlichkeit und erotische Ansprechbarkeit. Bereit für die Liebe werden Menschen, wenn sie mit den Beziehungsthemen flexibel umgehen, die ich im letzten Kapitel vorgestellt habe. Das ist leichter gesagt als getan. Jeder hat ein oder zwei Beziehungsthemen, die ihn herausfordern. Ungeklärte Beziehungsthemen können die Partnersuche erschweren. Weil es nicht funkt oder weil sich die Annäherung so schwierig gestaltet, dass einer flieht. Auch dieses Kapitel empfehle ich Lesern, die bereits in einer Partnerschaft leben. Denn die Haltungen, die Liebe wecken, sind die gleichen, die sie auf Dauer lebendig halten.

Initiative

Ist jeder seines Glückes Schmied? Und selbst verantwortlich, ob er den Partner fürs Leben findet? Oder muss man auf den Schicksalsmoment warten, der einem den richtigen Menschen zuführt? Wir ahnen, dass die Wahrheit zwischen diesen Extremen liegt. Die Machbarkeit von Liebe erscheint ebenso unrealistisch wie die Ohnmacht gegenüber seinem Liebesschicksal.

Es sind die Extreme, die die Partnersuche von Menschen zum Scheitern bringen:

- Ein Mann geht auf eine Frau zu und sagt ihr nach kurzer Zeit, dass sie die Frau seines Lebens sei. Sie ist zunächst beeindruckt von seinem Selbstbewusstsein und seiner Zielstrebigkeit. Doch bald behandelt er sie schon wie seine Zukünftige. Die Frau fühlt sich übergangen und überrumpelt. Sie kommt sich vor wie eine Ware, die ein entschlossener Käufer aus dem Regal zieht, ohne sie genau anzusehen. Die Frau distanziert sich dann nach wenigen Begegnungen.
- Ein schüchterner Mann geht nie auf Frauen zu, dabei ist er durchaus attraktiv. Aber seine Zurückhaltung wird von Frauen als Desinteres-

se gedeutet oder als fehlender Mut. So ist bisher selten eine Frau auf ihn zugegangen und unter ihnen war nicht die Richtige.
- Sie verliebt sich in einen Mann, der zögernd auf ihr Interesse reagiert. Sie weiß, was sie will, und arbeitet auf eine feste Beziehung hin. Er fühlt sich durch ihr Interesse und ihre Hartnäckigkeit geschmeichelt. Nach einigen Wochen stellt er aber fest, dass er sie zwar mag, aber weder liebt noch begehrt. Was soll er tun?

Zu viel Machen schadet der Liebe genauso wie Tatenlosigkeit. Einen Mittelweg dazwischen kann man als Initiative bezeichnen: Etwas in Gang bringen, dann aber dem anderen die Gelegenheit geben zu reagieren.

Was gehört zu Initiative? Zunächst, dass man Orte aufsucht, an denen man einen möglichen Partner kennenlernen kann. Die Forschungslage dazu ist eindeutig: Die meisten Menschen finden ihren Partner entweder am Arbeitsplatz oder in ihrem Bekanntenkreis. Die besten Chancen hat, wer sich ein Netz von Freundschaften und Bekanntschaften knüpft, einerseits über die Kontakte am Arbeitsplatz, andererseits über Freundschaften und Bekanntschaften, die schon bestehen. Manche Lebenssituationen machen es schwer, neue Kontakte zu knüpfen. Für manche wird dann eine Suche über das Internet zum Ausweg. Ich kenne zwar keine Statistik über die Erfolgsquoten, aber ich kenne etliche Paare, die sich auf diesem Weg gefunden haben.

Wenn es zum Kontakt kommt, heißt es, einen Ball ins Spiel zu bringen. Ein Thema anschneiden, eine Aktivität anregen, etwas in Gang setzen, wobei eine Gemeinsamkeit entstehen kann. Ein psychologisches Prinzip für die Beziehungsgestaltung heißt „Führen oder Folgen". Wo der andere bereit ist, führe ich ihn, z. B. in eine Situation, in der man sich kennenlernen kann. Wo ein anderer nicht auf meine Anregung eingeht, folge ich ihm. Vielleicht will sie oder er die Beziehung noch unverbindlich halten und kein eigenes Interesse offenbaren. Vielleicht bevorzugt jemand eine andere Situation für ein Kennenlernen. Führen und Folgen ist auch eine sanfte Methode, um Konflikte auszutragen. Beim Kennenlernen mag man keine Probleme ansprechen, aber trotzdem können sich welche ergeben. Er redet z. B. zu viel und lässt sie nicht zu Wort kommen. Folgen könnte heißen, ihm aufmerksam zuzuhören. Führen hieße, ihn gelegentlich zu unterbrechen: „Du, lass mich mal kurz erzählen, was ich ..."

Solche Abstimmungen geschehen oft ganz automatisch, ohne dass zwei Menschen darüber nachdenken müssen. Doch bei manchen weckt das Beziehungsthema Macht starke Emotionen. Sie scheuen die Initiative oder ergreifen sie so stark, dass der andere nicht mehr zum Zuge kommt. Woran merkt man, dass man zu wenig Initiative ergreift? Es tut sich nichts, Gelegenheiten und Jahre verstreichen. Man kommt Menschen nahe, die man eigentlich nicht mag. Wie merkt man, dass man seine Initiative übertreibt? Menschen wenden sich unerwartet ab. Freunde machen Andeutungen, dass eine Liebeshoffnung unberechtigt ist. Ein Partner gesteht überraschend, dass er sich seiner Liebe unsicher ist.

Ich schließe den Abschnitt mit einigen Tipps:

Die Initiative stärken
- Gehen Sie auf Menschen zu. Besser über das Wetter reden, als gar nicht in Kontakt kommen.
- Stehen Sie zu Ihren Interessen und Wünschen: Was würden Sie gerne vom anderen erfahren? Was würden Sie gerne unternehmen?
- Wenn Sie sich Ihrer Gefühle unsicher sind, halten Sie den anderen erst einmal auf Abstand.
- Wenn Sie Initiative nicht gewohnt sind, kommen Sie sich vielleicht vor wie ein Elefant im Porzellanladen. Vertrauen Sie auf Ihr Gespür für die Wünsche und Gefühle anderer und werden Sie aktiv.

Die Initiative bremsen
- Achten Sie auf die Signale des anderen: Was ist bei ihr/ihm willkommen?
- Nehmen Sie sich zurück. Lassen Sie Gesprächspausen zu. Erkundigen Sie sich nach den Wünschen und Ansichten des anderen.
- Vermeiden Sie ein Alles-oder-Nichts-Denken: „Jetzt oder nie!", „Man

> muss das Eisen schmieden, solange es heiß ist." Wenn ein anderer Interesse hat, wird es neue Gelegenheiten geben.
>
> - Wenn Sie es nicht gewohnt sind abzuwarten, dann werden Sie sich ausgeliefert vorkommen und Angst spüren. Nehmen Sie die Angst an.

Anteilnahme
Schon beim Kennenlernen erfahren wir, was dem anderen zu schaffen macht. An den Smalltalk schließen sich oft Themen an, die einem Stress bereiten oder Sorgen machen: die Anforderungen am Arbeitsplatz, eine komplizierte Studienordnung, eine Computerpanne, Ereignisse im Zeitgeschehen, die einen erschüttern. Es gehört zur Alltagskommunikation, dass wir uns Erlebnisse von der Seele reden, Verständnis und Unterstützung suchen. Wenn sich Menschen kennenlernen, tauschen sie dabei unbewusste Gefühlsbotschaften aus: „Wie reagierst du auf meine Sorgen? Kannst du mich verstehen?" Es deuten sich emotionale Bedürfnisse an: „Kommst du mit den Dingen zurecht, die mir zu schaffen machen? Könntest du mich beschützen? Kannst du es aushalten, wenn ich traurig oder zornig bin? Nimmst du Rücksicht auf meine wunden Punkte? Wie reagierst du, wenn ich eine Schwäche offenbare?" Der Gesprächspartner kann gar nicht anders, als auf diese unbewusste Gefühlssprache zu antworten. Er wird auf Bedürfnisse eingehen und z. B. Mitgefühl zeigen oder einen Rat geben. Oder er wird die Bedürfnisse ignorieren.

Das Beziehungsthema Leid treibt manche zum Helfen. Beim Kennenlernen reagieren sie stark auf die Sorgen und Bedürfnisse eines anderen. Sie äußern Mitgefühl, spenden Trost, bieten Hilfe an. Wer es damit übertreibt, löst beim anderen das Gefühl aus, bemuttert zu werden. Wer sich in einer Kennenlernsituation zu bedürftig zeigt, bietet sich als Problemfall an. Er weckt Anteilnahme und Hilfsbereitschaft, aber selten Liebe. So ergeben sich auch aus dem Umgang mit Leid und Sorge Scheiterstrategien, die eine Partnerschaft verbauen können:

- Eine Lehrerin nimmt einen neuen Kollegen unter ihre Fittiche. Er ist dankbar für ihre Hilfe, erfährt, wo die Lehrmaterialien stehen und wer die gefürchtetsten Schüler sind. Er ist überfordert mit dem Unterricht, eigentlich mit dem ganzen Leben. Er hat Krach mit seinen Eltern, hatte Pech in der Liebe und die Schüler nehmen ihn nicht ernst. Doch die Fürsorge der Kollegin trägt ihn durch. Bis in die Abendstunden bereiten sie gemeinsam Unterricht vor, im Café besprechen sie seine Probleme mit der Klasse. Sie verliebt sich in den liebenswerten Chaoten, wagt aber nicht, ihre Gefühle zu offenbaren. Unter ihrer Fürsorge steht er das erste Jahr in der Schule durch und findet allmählich in seine Rolle. Und er findet die Frau seines Lebens, eine Referendarin, die im gleichen Jahr an der Schule begonnen hat. Verlegen erklärt er seiner Kollegin die Beziehung: „Aber du wirst immer wichtig für mich bleiben. Du warst wie eine Mutter für mich."
- Sie ist eigen und fordert viel Rücksicht. Sie hat ihren festen Tagesablauf, feste Abneigungen, daran darf niemand rütteln. Auch der Mann nicht, mit dem sie eine Beziehung beginnt. Er verliebt sich, vielleicht gerade wegen ihrer Verwundbarkeit und Schutzbedürftigkeit. Seine Freunde reagieren zurückhaltend auf die Beziehung. „Na und?", denkt er. „Sie kennen sie ja kaum." Ein Jahr später stirbt seine Mutter. Wie selbstverständlich geht er davon aus, dass seine Freundin nun Rücksicht auf ihn nimmt, auf seine Unausgeglichenheit und Traurigkeit, darauf, dass in der Trauer sein Leben einen anderen Takt bekommt. Aber im Gegenteil reagiert sie gereizt. Sie kann nicht verstehen, warum er sich plötzlich so selbstbezogen verhält und auf ihre Bedürfnisse keine Rücksicht mehr nimmt. Plötzlich steht ihm die Einseitigkeit ihrer Beziehung vor Augen. Er schläft nur eine Nacht über seinem Entschluss, bevor er sich trennt.

Anteilnahme setzt eine seelische Fähigkeit voraus: negative Gefühle mitempfinden und aushalten zu können, seien es Schmerz, Angst, Traurigkeit oder ein Gefühl von Ohnmacht. Menschen, die voreilig helfen, haben oft den gleichen Antrieb wie andere, die sich dem Leid gegenüber taub stellen. Beide können negative Gefühle schlecht aushalten.

Zur Anteilnahme gehört der Entschluss, sich von Erlebnissen anderer berühren zu lassen, die negative Gefühle auslösen. Diese Haltung wird von anderen als Einfühlungsvermögen erlebt: spüren zu können, was der andere gerade fühlt. Es gibt wenige Eigenschaften, die so gewinnend sind wie das Einfühlungsvermögen. Denken Sie an charismatische Führer wie Bill Clinton oder Barack Obama – ihnen wird ein außergewöhnliches Einfühlungsvermögen nachgesagt. Psychologische Experimente zeigen, dass die Hautleitfähigkeit steigt, wenn sich Menschen einfühlsam behandelt fühlen.[13] Einfühlung geht also buchstäblich unter die Haut.

Das Gefühl eines anderen in der eigenen Seele tragen – daraus ergibt sich eine Gefühlsverbindung, die schwer zu beschreiben und doch deutlich zu spüren ist. Aber was tun mit dem Leid, das die Anteilnahme in die eigene Seele lässt? Ist das eigene Leben nicht schon schwer genug? Anteilnahme wird nur der durchhalten, der Wege findet, die eigene Seele zu entlasten. Indem er auch die eigenen Lasten teilt und sich von der Seele redet. Indem er eine „Psychohygiene" entwickelt, Tätigkeiten, die seine Seele reinigen und in Ordnung bringen: Sport, Kunst oder Naturerlebnisse. Ich habe einige Menschen kennengelernt, die zu außergewöhnlicher Anteilnahme fähig sind. Sie alle haben einen Menschen, zu dem sie gehen können, wenn sie vor schwierigen Situationen stehen. Das hat mich überrascht. „Wozu", dachte ich „brauchen diese starken Persönlichkeiten einen Ratgeber?" Aber bald habe ich gemerkt: Ihre Stärke besteht gerade darin, dass sie wissen, wie sie mit der eigenen seelischen Last umgehen. Wenn die Last in der eigenen Seele zu groß wird, braucht man einen anderen, der sie tragen hilft: einen Seelsorger, einen lebenserfahrenen Mentor, einen beruflichen Coach und manchmal auch einen Psychotherapeuten. Andernfalls könnten schwere Erfahrungen die Seele so belasten, dass sie zu voll ist, um sich für andere zu öffnen.

Nun liegt in der Anteilnahme auch eine Verführung: in das Leben des anderen einzugreifen, ihn zu erziehen oder ihm eine Wiedergutmachung zu bieten für Schweres, das er erlebt hat. Anteilnahme braucht

---
13 Psychologie heute. Juli 2007. S. 13.

ihr Gegengewicht in der Haltung: „Ich bin für das Leben des anderen nicht verantwortlich." Natürlich kann ein anderer von meinen Fähigkeiten und Erfahrungen profitieren, so wie ich von den seinen. Aber auch ein geliebter Mensch muss sein Leben selbst bestimmen und seine Lebenslasten selbst tragen. Anteilnahme schließt nicht aus, manche Verführungen liebevoll zurückzuweisen: „Entscheide du für mich." – „Bring du ein Opfer, weil es mir schlecht geht." – „Löse ein Problem, an das ich mich nicht herantraue." Die Weigerung, sich um die Probleme des anderen zu kümmern, mag schmerzen. Letztlich hat sie aber eine gewinnende Botschaft: „Ich bleibe angesichts deiner Probleme gelassen. Du wirst selbst einen Weg mit ihnen finden." Auch das ermutigt und gibt das Gefühl, trotz eines Problems auf Augenhöhe mit dem anderen zu bleiben.

Wer zu wenig Anteilnahme zeigt, merkt das an folgenden Zeichen: Andere ziehen ihn nicht ins Vertrauen; er merkt selbst, wie ihm Gefühle anderer unbehaglich sind und er sich von ihnen abwendet. Zu viel Anteilnahme führt zu einer Helferrolle, die sich in einem Übermaß an Rat und Hilfe zeigt. Andere schätzen das Engagement nicht mehr, sie ignorieren die Hilfe oder nutzen sie aus.

Anteilnahme stärken
- Öffnen Sie sich, wenn Ihr Gegenüber von Stress oder Ängsten berichtet. Zeigen Sie eine offene Körperhaltung, halten Sie Blickkontakt, zeigen Sie Interesse.
- Öffnen Sie sich für das Gefühl des anderen und lassen Sie sich anstecken. Bald wird sich dieses Gefühl in Ihrem Gesicht, ihrer Körperhaltung und Ihrer Stimme ausdrücken. Das offenbart Ihr Mitgefühl.
- Versuchen Sie zu spüren, was der andere gerade braucht: eine Ermutigung oder ein Kompliment, ein Zeichen menschlicher Nähe, eine Ablenkung durch ein schönes Erlebnis oder praktische Hilfe.
- Wenn Sie es nicht gewöhnt sind, sich für Anteilnahme zu öffnen, wird Sie das sehr aufwühlen. Nehmen Sie sich Zeit, Ihre eigenen Gefühle zu verarbeiten. Suchen Sie sich eventuell Ansprechpartner.

> Anteilnahme bremsen
> - Bremsen Sie Ihren Helferreflex. Erspüren Sie: Was ist das Gefühl, das mich zum Helfen treibt? Fühlen Sie mit, statt Hilfe anzubieten. Dadurch werden Sie sich selbst besser kennenlernen, aber auch den Menschen, für den Sie sich interessieren.
> - Warten Sie, bis der andere zeigt, was er sich wünscht. Kommen Sie seinen Wünschen nicht zuvor.
> - Es stärkt auch den anderen, wenn er einmal helfen kann. Geben Sie ihm Gelegenheit dazu. Zeigen Sie Ihre Bedürfnisse und Wünsche.
> - Wenn Sie es gewohnt sind zu helfen, werden Sie einen Druck empfinden, wenn Sie dem Helferimpuls widerstehen. Dieser Druck rührt von unangenehmen Gefühlen, die aufsteigen: Ohnmacht oder Angst um den anderen. Halten Sie diesen Gefühlen stand, bis sie schwächer werden.

Nahbarkeit

Distanzierte Menschen haben Glück, wenn sie ihren Partner nebenbei kennenlernen, z. B. eine Person aus dem Freundes- oder Kollegenkreis. So kann allmählich eine Vertrautheit wachsen, die nicht allzu sehr aus der Reserve lockt. Distanzierte Menschen kommen in die Klemme, wenn sie rasch Farbe bekennen müssen, weil sie sonst die Gelegenheit verpassen. Nähe-Typen fällt es leichter, einen Partner kennenzulernen. Ihre Nahbarkeit schafft aber ein anderes Problem: Sie finden manchmal nicht den Abstand, um eine unerwünschte Annäherung zu stoppen. Ihnen fehlt der kritische Abstand, den es manchmal braucht, um eine Beziehung zu gestalten.

Auch das Beziehungsthema Nähe und Abstand kann das Kennenlernen zum Scheitern bringen.

- Sie hat jetzt schon dreimal das Gleiche erlebt. Nach dem ersten Abend entsteht eine Vertrautheit mit einem Mann, als würde man sich schon lange Zeit kennen. Liebesgeständnisse, die ersten Küsse – alles innerhalb weniger Tage. Sie wundert sich selbst, wie schnell es zum Sex kommt. Aber warum bremsen, was so zusammenpasst?

Wenige Wochen später wird sie verlassen. Der eine hat gesagt, die Liebe sei halt weg. Ein anderer hat ihr vorgeworfen, langweilig zu sein.

- 40 Jahre, hübsch, Ingenieurin, hat noch nicht den Richtigen gefunden. So sieht sie ihre Situation. Aber wer sie kennt, weiß: Schon manch attraktiver Mann hat seine Wirkung auf sie getestet, aber ihre abweisenden Signale haben ihn abgeschreckt: ein sachlicher Ton, ein Themenwechsel bei verfänglichen Themen, ein konsequentes Ignorieren der Annäherung.
- Er hat eine spröde Art, trocken in seinem Humor, fast technisch seine Sicht auf das Leben. Manchmal öffnet er sich plötzlich, dann ist es wie ein Überfall: eine Nähe, mit der niemand gerechnet hat und durch die Peinlichkeit entsteht. Frauen, die das mal beobachtet haben, halten Abstand, um nicht Opfer eines solchen Ausbruchs zu werden.
- Ihn kennenzulernen war traumhaft. Ein einfühlsamer Mann, warmherzig, ein Mann, mit dem man gerne Kinder hätte. Romantische Ausflüge, leidenschaftliche Briefe, Turteln in der Öffentlichkeit. Sie hielt ihn für ihren Traummann, bis der Alltag wieder sein Recht forderte. Er rief sie täglich an der Arbeit an. Und wenn sie einmal lange arbeitete, schien er nur auf sie zu warten. Sie fühlte sich von seiner Liebe erdrückt. Das konnte er nicht verstehen, man wird doch seine Liebe zeigen dürfen. Sie nutzte zwei Urlaubswochen, um sich zu trennen, und tauchte in dieser Zeit bei einer Freundin unter.

Als Nahbarkeit möchte ich eine Haltung beschreiben, die menschliche Berührung zulässt, aber den anderen nicht festhält. Nähe und Abstand steuern wir weitgehend unbewusst: durch Blickkontakt, Körperhaltung, den Klang der Stimme, die Wahl von Gesprächsthemen. Die Seele hält den zwischenmenschlichen Abstand in einem Gleichgewicht, ähnlich wie unser Körper seine Temperatur steuert. Trotz der unterschiedlichsten Einflüsse wie Wetter oder Bewegung – unsere Körpertemperatur bleibt annähernd gleich. Und wenn sie sich doch einmal verändert, sendet der Körper Alarmzeichen wie Frieren oder ein Fiebergefühl. Sie zwingen uns, uns so zu verhalten, dass der Körper sein Gleichgewicht wiederfindet. Mit ähnlicher Konsequenz betreibt unsere Seele die Nähe-Distanz-Regulation. Wer sich zu mehr Nähe zwingt, als er es gewöhnt ist, der wird schnell von Scham oder Beklemmung heimgesucht. Wer sich zu mehr Abstand zwingt, als er verträgt, erlebt Angst, ein Einsamkeitsgefühl oder ein Gefühl von Ungeborgenheit. Gefühlszustände, die man nicht gerade wünscht, wenn man einen Menschen für sich gewinnen will. „Geh doch aus dir heraus!" – und der Distanz-Typ erschaudert. „Halte den anderen doch ein bisschen auf Abstand!" – und der Nähe-Typ fühlt sich gequält. Doch gibt es Wege zu einer Nahbarkeit, die ohne eine Veränderung des seelischen Gleichgewichts auskommen.

Nahbar sind Menschen, die ihre Gefühle zeigen. Wer Gefühle zeigt, ist berührbar für andere, trotzdem kann er seine natürliche Balance von Nähe und Abstand halten. Denn Gefühle schaffen nicht nur Nähe, wie es Freude, Liebe, Bewunderung oder Mitgefühl tun. Gefühle schaffen auch Abstand: Wut, Enttäuschung, Furcht. Unsere Gefühle bringen uns automatisch auf den Abstand, der uns von unserer Persönlichkeit und Lebensgeschichte her am besten liegt. Trotzdem fühlt es sich anders an, ob jemand durch Reserviertheit Abstand herstellt oder durch die Gefühle, die er zeigt. In einem Fall ist es eine kühle Distanz, die Fragen aufwirft, im anderen Fall eine Distanz, die zur Persönlichkeit passt und Respekt erzeugt. Auch Nähesuchende unterdrücken oft das Gefühlsspektrum, das Abstand schafft, etwa ihren Zorn, ihre Abneigung oder ihre Enttäuschung. Aber gerade diese Gefühle würden ihnen helfen, zumindest gelegentlich zu einem Abstand zu finden, der einen kritischen Blick auf die Beziehung erlaubt. Manchmal hilft Humor oder ein bildlicher Vergleich, um negative Gefühle auf eine Weise auszudrücken, die den anderen nicht verletzt: „Da bist du mir aufs Hühnerauge getreten!"

Die Umgebung spielt eine entscheidende Rolle dabei, wie nahe sich zwei Menschen fühlen, wenn sie sich begegnen. Zu zweit oder mit einem dritten. In der Betriebskantine oder in einem Park. Vormittags im Café oder abends beim Italiener. Beim Minigolf oder im Kino. Die Umgebung definiert die Beziehung, ob sich zwei Menschen unverfänglich begegnen oder sich wie ein Paar fühlen. Durch die Wahl der Situation kann man behutsam steuern, wie viel Nähe entsteht.

Schließlich gibt es eine große Bandbreite in der Kommunikation. Das Gespräch ist das wichtigste Kommunikationsmittel, aber nicht das einzige. Im Brief können distanzierte Menschen äußern, was ihnen im Gespräch nicht über die Lippen kommt. Und nähesuchende Menschen äußern im Brief ihre eigenen Gefühle und ihren Standpunkt deutlicher, als sie dies in der persönlichen Begegnung tun. Auch Telefongespräche haben ihre eigene Nähe. Sie sind oft konzentrierter, weil sie frei von Ablenkungen sind, und doch ist der Abstand größer, weil die körpersprachliche Kommunikation auf die Stimme beschränkt bleibt. Mit SMS, E-Mail und Skype sind weitere Kommunikationsformen entstanden, die ihre eigenen Gesetze von Nähe und Distanz haben. Eine Mischung der Kommunikationsformen kann dabei helfen, eine Ausgewogenheit von Nähe und Abstand zu finden.

Wie erkennt man eigentlich eine gute Nähe beim Kennenlernen? Positive Zeichen sind, ein wenig aufgewühlt zu sein, Schmetterlinge im Bauch, ein Berührtsein von einer Begegnung, das noch eine Weile nachklingt. Zeichen überfordernder Nähe sind ein Gefühl von Blockiertsein, Verwirrung, das Gefühl, sich im anderen zu verlieren, Fluchtgedanken, obwohl man den anderen eigentlich mag. Es gibt auch Zeichen falscher Nähe: ein Gefühl, sich schon immer zu kennen und einander wie Bruder und Schwester vertraut zu sein. Hier ist eine Nähe entstanden, die verleugnet, dass sich zwei Menschen eigentlich noch fremd sind. Echte Nähe führt in eine Begegnung zwischen zwei unterschiedlichen Menschen, die nie ganz frei ist von Spannung, aber zu echter Intimität befähigt.

Nahbarkeit stärken
- Benennen Sie häufiger Ihre Gefühle. Nutzen Sie die Bildsprache: „wie ein begossener Pudel." Nutzen Sie die Körpersprache: „ein flaues Gefühl im Bauch."
- Finden Sie Situationen, in denen Sie entspannt sind und sich gern öffnen.
- Finden Sie Kommunikationswege, auf denen Ihre Gefühlskanäle offen sind.

> - Zwingen Sie sich nicht zu zu viel Nähe, das könnte nicht nur Sie überfordern. Wenn sich distanzierte Menschen öffnen, entsteht eine besonders intensive Nähe.
>
> **Nahbarkeit bremsen**
> - Drücken Sie auch negative Gefühle aus. Wenn es Ihnen gefährlich erscheint: erst wenn Sie etwas Abstand haben und die Situation mit Humor nehmen können.
> - Teilen Sie sich auch schriftlich mit, damit Ihre eigenen Gefühle und der eigene Standpunkt besser sichtbar werden.
> - Ziehen Sie die Bremse, wenn Sie sich im anderen verlieren oder verwirrt sind: sich etwas seltener sehen, etwas mehr für sich behalten, nicht so viel körperliche Nähe zulassen.

Profil
Wie zeige ich mich dem anderen? Heißt Werben nicht Werbung für mich machen, Interesse wecken, meine besten Seiten herausstreichen? Oder kommt man am weitesten, wenn man sich zurücknimmt, Komplimente macht und sich für die Qualitäten des anderen öffnet? Die Flirt-Forschung lässt uns aufhorchen: Wenn sich Mann und Frau begegnen, läuft automatisch ein Flirtprogramm ab, das sich in Videoaufnahmen nachweisen lässt. Menschen flirten selbst dann, wenn sie ihr Gegenüber nicht besonders attraktiv finden. Nur unter einer Bedingung schaltet das Flirtprogramm ab: wenn sich ein Mensch selbst in den Vordergrund stellt, zu viel redet und zu wenig Interesse zeigt.[14]

Selbstdarstellung behindert die Annäherung, vor allem wenn sie ein Interesse am anderen vermissen lässt. Aber auch das Gegenteil von Selbstdarstellung kann die Partnersuche erschweren: wenn ein Mensch unsichtbar bleibt und in der Begegnung keine Konturen annimmt. Auf folgende Weise kann das Beziehungsthema Selbstwert zum Stolperstein werden:

---
14 Bas Kast (2006): Die Liebe und wie sich Leidenschaft erklärt. Fischer Taschenbuch Verlag, Frankfurt am Main. S. 40.

- Sie lässt sich treiben. Es fehlt ihr an keiner guten Eigenschaft, aber sie scheint selbst nicht viel von sich zu halten. Sie lässt sich von einem Blender gewinnen: großspurig, dickes Auto, keinen richtigen Berufsabschluss, aber die Neigung, einem die Welt zu erklären. Wie kommt er an diese Frau, die noch dazu recht unglücklich in dieser Beziehung wirkt? „Irgendwann gibt es einen Knall", sagt sie, „dann trennen wir uns. Vorher habe ich nicht die Kraft."
- Warum macht er nicht mehr aus sich? Ein Goldstück, wenn man ihn erst mal kennenlernt. Aber der erste Eindruck schreckt ab: die Hosen zu kurz, das Haar wild, kein Fettnäpfchen ist vor ihm sicher. Warum nutzt er seine Intelligenz nicht, um auf sich zu achten und sich etwas Schliff zu geben?
- Er ist zu beneiden, um sein Aussehen, seinen Charme, seinen beruflichen Erfolg. Er fühlt sich zu einer Frau hingezogen, die natürlich ist und auf Äußerlichkeiten nicht viel Wert legt. Die Beziehung hätte vielleicht eine Chance gehabt. Aber gerade ist sie mit einem schwierigen Erlebnis aus der Vergangenheit beschäftigt. Darauf findet er keine Antwort. Er hat sich nie für das interessiert, was in anderen vorgeht. So fehlt ihm die Wertschätzung für ihr Inneres. Sie löst sich aus der Beziehung.

Menschen mit Profil finden einen Mittelweg zwischen Selbstdarstellung und Selbstvernachlässigung. Sie haben die Fähigkeit, sich selbst auszudrücken, die eigenen Gefühle, Bedürfnisse und Neigungen zu zeigen. Sie zeigen spielerisches und ungehemmtes Verhalten, solange es andere nicht beeinträchtigt. Sie können auch einmal Wut und Traurigkeit zeigen. Wir schätzen zurückhaltende Menschen, aber unsere Liebe entzündet sich in der Regel an der Lebendigkeit eines anderen. Und die muss zeigen, wer Liebe gewinnen will. Oft sind es überhöhte Maßstäbe, denen Menschen ihre Lebendigkeit opfern. Sie beschneiden sich aus Pflichtgefühl und Leistungsorientierung. Manchmal ist es auch die Bereitschaft, sich den Bedürfnissen anderer unterzuordnen, die Menschen ihr Profil verlieren lässt.

Profil gewinnen heißt auch, die eigenen Stärken zu entfalten. Menschen mit Profil verstehen sich als Lernende, selbst wenn sie eine Sache gut beherrschen. Beides gewinnt: die Bescheidenheit dessen, der immer weiter lernt, und die Meisterschaft, die einer anstrebt, um eine Aufgabe so gut wie möglich zu erfüllen. Profil gewinnen heißt auch, zu seinen Schwächen zu stehen. Wer zu seinen Schwächen steht, dessen Stärken kann man annehmen, ohne neidisch zu werden. Schwächen öffnen für andere, weil sie zeigen, dass ein Mensch Ergänzung braucht und angewiesen ist auf die Fähigkeiten anderer.

Profil zeigen bedeutet auch, seine Leidenschaft zu offenbaren. Das erfordert Mut, denn es könnte einen anderen abschrecken: wenn ich leidenschaftlich Theater spiele und vor der Aufführung viele Abende für die Proben brauche; wenn ich mich für den Umweltschutz engagiere und lieber im eigenen Land Urlaub mache; wenn mich historische Romane fesseln und ich Stunden im Museum verbringen kann. Eine Leidenschaft offenbart nicht nur, wofür ich Geld und Zeit einsetze – sie offenbart auch, wofür mein Herz schlägt, womit ich mich identifiziere, was einen wichtigen Teil meiner Identität ausmacht.

Woran merkt einer, dass er zu wenig Profil zeigt? Er weckt keine Aufmerksamkeit, es kommen selten Menschen auf ihn zu. In gemeinsamen Unternehmungen kommen seine Interessen und Vorlieben kaum vor. Woran merkt einer, dass er es mit der Profilierung übertreibt? Er findet unter Ich-schwachen Menschen Bewunderung und wird von den anderen gemieden. Er wird gelegentlich bloßgestellt, weil er zu dick aufträgt. Er wird beim Kennenlernen in einer Weise bestätigt, die ihn selbst misstrauisch macht.

Das Profil stärken
- Reduzieren Sie die Maßstäbe an sich selbst, wenn sie Ihre Lebendigkeit und Ihre Gefühle erdrosseln.
- Geben Sie Einblick in Lebensbereiche, in denen sich Ihre Stärken zeigen. Stehen Sie zu Ihren Schwächen und lassen Sie sich von anderen ergänzen.
- Offenbaren Sie, wofür Ihr Herz schlägt und wofür Sie sich gerne einsetzen.

Das Profil bremsen
- Überlassen Sie es den anderen, Ihre Stärken zu entdecken. Machen Sie keine Werbung für sich. Verkneifen Sie sich Erklärungen und Entschuldigungen, wenn Ihnen einmal etwas nicht gelingt. Stehen Sie zu Ihren Schwächen.
- Denken Sie an das Flirt-Gesetz: Wichtiger als Selbstdarstellung ist, ob sich der andere mit Ihnen wohlfühlt, ob er Ihr Interesse spürt und sich geschätzt weiß. Entdecken Sie die Stärken und Qualitäten des anderen, machen Sie Komplimente, die von Herzen kommen.

Verantwortlichkeit

Die Liebe birgt Risiken. Ich kann den geliebten Menschen verletzen und von ihm verletzt werden. Ich könnte bereuen, mich an meinen Partner gebunden zu haben. Und vielleicht bereut er es, wenn ich ihn nicht glücklich mache. Viele Menschen gehen mit der Verantwortung gelassen um, die die Partnerwahl in sich trägt. Sie finden einen Mittelweg, auf dem sie ein gutes Maß an Verantwortung übernehmen. Manche weichen der Verantwortung aus, andere wiederum fühlen sich überverantwortlich. Wie das die Partnersuche behindern kann, zeigen folgende Geschichten des Scheiterns.

- Er liebt sie. Sie zweifelt – und weil sie offen und ehrlich ist, teilt sie ihre Zweifel mit. Er betont, dass er sich ihrer sicher ist, dass sie gut zusammenpassen und schon viel Spaß zusammen hatten. Sie vergleicht die Beziehung mit andern. Wirken andere Pärchen nicht glücklicher? Aber weil sie bei ihm bleibt und sich die Beziehung allmählich vertieft, nimmt er ihre Zweifel nicht allzu ernst. Als es ihm einmal nicht gut geht, beginnen ihre Zweifel ihn zu verletzen. Jetzt wird ihm deutlich: „Ich brauche eine Frau, die sich ihrer Liebe für mich sicher ist." Er hat ein Aha-Erlebnis, als sich eine Kollegin in ihn verliebt. Er hat zwar kein Interesse an ihr, weiß aber nun, dass sich eine Frau ihrer Liebe sicher sein kann. Und er trennt sich.
- Er ist irgendwie reingerutscht in die Beziehung. Sie hat ihm gewissermaßen die Entscheidung abgenommen. Immer wieder hat sie die

vielen Gemeinsamkeiten betont, wie gut ihre Interessen zusammenpassen, wie selbst ihre Freunde gut miteinander auskommen. Logisch, dass man dann zusammengeht, oder? Irgendwann überfällt ihn eine quälende Enge, er fühlt sich wie in einer Falle. Er mag sie, aber er liebt sie nicht.
- Sie wollte ihn ein wenig aufmuntern. Deshalb hat sie sich zu ihm gesetzt. Er hat sich Hoffnungen gemacht. Mit einem unguten Gefühl lässt sie sich von ihm einladen. Bald treffen sie sich regelmäßig. Wie ihm schonend beibringen, dass sie ihn nie lieben wird? Und ist sie nicht schuld an seinen Annährungsversuchen? Hat sie nicht falsche Signale gesendet? Vielleicht reicht ihm ja eine Freundschaft.

Wo verläuft sie, die Grenze zwischen Überverantwortlichkeit und Verantwortungslosigkeit? Auch wenn es sich oft anders anfühlen mag: Ehrlichkeit bildet den Kern der Verantwortlichkeit. Falsche Hoffnungen enden immer schmerzhafter als ein frühzeitiges Nein. Aber wie weit geht die Verantwortung dafür, dass sich ein anderer keine falschen Hoffnungen macht? Manchen liegt das Flirten im Blut. Sie haben es schon im Elternhaus eingeübt. Sie waren zum Beispiel die Prinzessin ihres Vaters, der kleine Kavalier der Mutter und haben ein charmantes, werbendes Verhalten erlernt. Im Erwachsenenalter setzt sich diese Rolle fort und kann dem anderen Geschlecht gefährlich werden. Müssen sich solche Frauen und Männer verstecken? Das kann man kaum von ihnen verlangen. Aber sobald ein anderer seine Hoffnung offenbart, ist es Zeit, Farbe zu bekennen und einen eindeutigen Abstand herzustellen. Verantwortlichkeit heißt auch, keine Liebe zu wecken, nur um daraus beruflichen, sexuellen oder emotionalen Nutzen zu ziehen. Auch im eigenen Interesse: denn ein solcher Missbrauch spricht sich herum. Herzensbrecher spüren bald eine Barriere bei denen, die ihrer Charakterstärke misstrauen. Und vielleicht wäre ja gerade unter diesen Menschen der Partner fürs Leben.

Verantwortlichkeit heißt auch, die Beziehung zu prüfen. Viele Paare überspringen diesen Schritt, weil er auf einer unangenehmen Wahrheit beruht: Der Mensch, in den ich so verliebt bin, ist vielleicht ein Mensch, mit dem ich nur unter größter Anstrengung zusammenleben könnte.

Prüfen bremst das Beziehungstempo. Aber warum warten auf das Schöne, das früher der Ehe vorbehalten war: den gemeinsamen Haushalt, die voll ausgelebte Sexualität, sich in die Familie des Partners aufnehmen zu lassen? Uns sind die Maßstäbe verloren gegangen, wie man eine Beziehung prüft und wie man ein gutes Beziehungstempo findet. Prüfen heißt, die Beziehung nur so tief werden zu lassen, dass man sich noch voneinander lösen kann. Prüfen wahrt die Verantwortung gegenüber der eigenen Person: eine Partnerschaft zu finden, die den eigenen Lebensweg stützt und hilft, das eigene Potential zu entfalten. Prüfen wahrt die Verantwortung für den geliebten Menschen: Er soll selbst herausfinden, ob unsere Beziehung sein Leben bereichert und voranbringt. Denn die Partnerwahl bedeutet auch Verzicht. Mit einem Partner kann ich bestimmte Lebensmöglichkeiten verwirklichen, andere nicht.

Wenn die Beziehung verbindlicher wird, verändert sich die Verantwortung. Lieben heißt dann, sich in die Hand des anderen zu geben. Mein Wohlbefinden hängt dann auch vom Verhalten des Partners ab. Tiefe emotionale Bedürfnisse richten sich auf den anderen – er stillt sie oder auch nicht. Aus dieser Abhängigkeit, die die Liebe bedingt, erwächst eine besondere Verantwortung: Wie sich der andere fühlt, liegt auch an meinen Worten und Gesten, an meiner Aufmerksamkeit und Fantasie, an meinem Einfühlungsvermögen und Taktgefühl. Doch wie weit geht da meine Verantwortung? Bin ich nachlässig in meiner Liebe, oder ist der andere einfach unersättlich in seiner Suche nach Liebesbeweisen? War ich grob? Oder ist sie/er an diesem Punkt nur überempfindlich? Wie ich das empfinde, hängt zunächst von den Maßstäben ab, die ich in meinem Elternhaus verinnerlicht habe. Aber die können trügen, wenn dort zu viel oder zu wenig Verantwortung vorgelebt wurde. Manchmal braucht man andere Vorbilder oder einen guten Rat, um ein gutes Maß an Verantwortung zu finden.

Verantwortung stärken
- Begeben Sie sich nur dann in das Kraftfeld erotischer Anziehung, wenn Sie wirklich an einer Partnerschaft interessiert sind.
- Gehen Sie in der Beziehung nur so weit, wie Sie sich Ihrer Gefühle und der Beziehung sicher sind. Lassen Sie sich nicht zu Beziehungsschritten drängen, für die Sie noch nicht bereit sind.
- Die Liebe gibt Ihnen Macht über die Gefühle des anderen. Lassen Sie die Beziehung zu einer guten Erfahrung für den anderen werden. Auch eine Beziehung, die irgendwann endet, kann einen Menschen bereichern und in der Erinnerung eine beglückende Erfahrung bleiben.

Verantwortung bremsen
- Wagen Sie zu lieben. Vertrauen Sie auf die Fähigkeit Ihrer Seele, auch eine schmerzhafte Erfahrung zu verkraften. Fühlen Sie sich nicht für das Risiko verantwortlich, das der andere eingeht.
- Weder eine Verabredung noch ein Kuss verpflichten auf ewig. Die Liebe lässt sich nur prüfen, wenn sie sich ein wenig entfalten darf. Verabschieden Sie sich von der Fantasie, es gebe nur einen richtigen Partner, auf den man warten muss und mit dem dann alles klappt.
- Sie müssen den anderen nicht glücklich machen, ihm auch nicht jede Verletzung und Enttäuschung ersparen. Ein normales Einfühlungsvermögen und liebevolle Aufmerksamkeit reichen aus. Dies für sein persönliches Glück zu verwerten, liegt in der Verantwortung des anderen.

Erotische Wachheit
Bei manchen hält die sexuelle Ansprechbarkeit einen Dornröschenschlaf. Die Weiblichkeit oder Männlichkeit verbirgt sich hinter einer dichten Dornenhecke. Es muss ein Prinz kommen (oder eine Fee) und sich den Weg durch die schier undurchdringliche Dornenhecke bahnen. Das reizt manche Fee und manchen Prinzen. Doch viele nähern sich lieber einem Menschen, der als Frau oder Mann leichter zu erreichen ist.

Andere sind erotisch überwach. Sie scheinen das Leben durch eine sexuelle Brille zu sehen. Sie sind immer sexuell auf Sendung und interpretieren Alltagsdinge auf ihren sexuellen Gehalt hin. Entsprechend häufig verstricken sie sich in Affären. Aber aus solchen Erlebnissen wächst häufig keine Partnerschaft, die fürs Leben trägt.

So kann das Beziehungsthema Sexualität gerade das zum Scheitern bringen, worauf es abzielt: eine erfüllte Paarbeziehung.

- Sie ist schon lange Single und hat auch noch nie einen Freund gehabt, soweit man weiß. Mit ihr auszugehen, ist wie mit seiner Schwester unterwegs zu sein. Das Gespräch ist lebhaft und interessant. Aber es fehlt etwas. Sie setzt sich so, dass man unmöglich ihr Knie streifen kann. Die auf dem Tisch ruhenden Hände finden in den ihren kein Gegenüber, dem sie sich nähren können. Der Blick darf nie zu lange in ihrem ruhen. Ein Kompliment wischt sie mit einem sachlichen Kommentar beseite. Gut, dann bin ich nicht der Richtige. Aber ist es nicht allen Männern vor mir genauso ergangen?
- Er ist echt nett. Aber wie er mich anguckt. Als würde er mir durch die Bluse gucken und meine Körperform taxieren. Vielleicht sind ja alle Männer so, vielleicht zeigt er nur, was andere verbergen. Und er ist echt charmant. Man fühlt sich als Frau gesehen; wenn ich ehrlich bin, gibt es mir auch einen Kick, mit ihm zusammen zu sein. Er hat sich den richtigen Film ausgesucht, ein Glas Wein im Bistro nebenan, und jetzt seiner Einladung nach Hause folgen? – Und wenn er letzte Woche mit einer anderen das gleiche Programm abgezogen hat?
- Ist das die Frau meines Lebens? Noch nie hat mich eine so aufgewühlt und verrückt gemacht. Sie erzählt, wie sie unter Männern leidet, die ihr nachstellen. Wieso eigentlich? Sie wackelt nicht mit den Hüften und kleidet sich auch nicht aufreizend. Wenn sie mich versehentlich berührt, entschuldigt sie sich. Ja, sie ist vielleicht ein wenig zu offen. Aber muss man das denn sexuell verstehen? Ich schäme mich für meinen ständigen Männergedanken. Sie lässt die Tür zum Nebenzimmer auf, wo ihr Wäscheständer steht – man muss doch nicht nach ihrer Unterwäsche spähen. Sie erzählt vom Saunabesuch mit ihrer Freundin – man muss sich doch nicht vorstellen,

wie sie da auf der Holzbank sitzt. Kann man nicht mal an etwas anderes denken? Ich möchte ihr doch zeigen, dass ich nicht so bin wie die anderen Männer. Das war vor einem Jahr. Heute bin ich immer noch im Ungewissen. Meine Annäherung hat sie behutsam abgeblockt. Oder habe ich mich nur nicht richtig getraut? Wir sehen uns oft, trotzdem ist alles irgendwie in der Schwebe.

Wie Nähe und Abstand werden sexuelle Signale überwiegend durch unbewusste Prozesse gesteuert. Deshalb laufen hier manche Ratschläge ins Leere. Was nutzt einem schicke Kleidung, wenn die unbewusste Kommunikation jede Schwingung blockiert, die zwischen Frau und Mann zustande kommen kann? Was nutzt der Rat, weniger zu flirten und erst mal eine Freundschaft wachsen zu lassen, wenn unbewusste Signale sofort eine sexuelle Spannung erzeugen? Auch beim Beziehungsthema Sexualität müssen sich indirekte Schritte finden, die auf einen guten Weg führen. (Wer von schlechten Erfahrungen auf diesem Gebiet zermürbt ist, wird von einer Psychotherapie profitieren, in der die sexuelle Entwicklung behutsam verstanden und geformt werden kann.)

Sexuelle Wachheit beginnt im Gespräch. Was sich zwischen Frau und Mann abspielt, umgibt uns täglich: Die Liebe beherrscht Werbung, Filme und Literatur. Es fehlt nicht an Gelegenheiten, um über dieses Thema zu sprechen. Erotisch zurückhaltende Menschen können ihre Unsicherheit benennen, die solche Themen bei ihnen wecken. Das signalisiert: Meine weibliche/männliche Zurückhaltung bedeutet kein Desinteresse, ich bin durchaus als Mann oder Frau zugänglich, mir macht nur vieles Angst. Solche Signale werden den anderen nicht zu einem erotischen Überfall einladen, im Gegenteil. Aber sie werden eine behutsame erotische Schwingung auslösen, die vorher gefehlt hat. Erotisch aktive Menschen könnten bekennen, dass sie manchmal zu viel flirten. Ein Mensch, in den sich allzu häufig andere verlieben, könnte sich fragen lassen: „Was mache ich, dass ich mich immer in solche Geschichten verwickele?" Im kritischen Gespräch über Sexuelles entsteht eine erotische Wachheit: Ein falscher Zauber verfliegt, es bleibt (oder entsteht) eine Schwingung zwischen Frau und Mann, die erotische Wesen sind, aber eben nicht nur.

Auch beim Beziehungsthema Sexualität kann Abstand helfen, um einen guten Mittelweg zu finden. Die persönliche Begegnung wird überwiegend durch die unbewusste Kommunikation gesteuert, im Abstand ist man freier. Ein sexuell nüchterner Mensch kann seine Gefühle als Frau oder Mann im Brief oder einer E-Mail leichter offenbaren. Ein sexuell überwacher Mensch kann im Brief eher Themen aufgreifen, die das Feuer der Begegnung gar nicht zulässt: das Interesse am Beruf des anderen, seine Lebensziele und -wünsche, was ihn in einer Freundschaft gerade beschäftigt. In der Kommunikation auf Abstand kann man seiner Prägung entgegensteuern, ohne die eigene Seele dabei zu überfordern.

Die erotische Prägung entwickelt sich im Zusammenspiel mit dem anderen Geschlecht: des Jungen mit seiner Mutter, des Mädchens mit seinem Vater, in Sandkastenfreundschaften, ersten Träumereien, erster Liebe und schließlich in der Partnersuche. Die erotische Prägung hat aber noch eine weitere Quelle, die genauso wichtig ist: Das Mädchen empfängt seine Weiblichkeit von Frauen, von der Mutter, im Zusammenspiel mit Freundinnen oder der Mädchenclique. Jungs müssen in den Kreis von Männern aufgenommen werden, um ihre Männlichkeit zu spüren und zu entfalten. Deshalb sind gleichgeschlechtliche Freundschaften von unschätzbarem Wert für die eigene Entwicklung als Frau oder Mann. Wenn eine sexuell schüchterne Frau mit ihrer Freundin über Sexuelles spricht, wird ein solches Gespräch sofort ihre erotische Ausstrahlung verstärken. Wenn ein Mann sich einem Freund offenbart und sein sexualisiertes Denken eingesteht, wird das seine Wirkung auf Frauen verändern.

In diesem Abschnitt möchte ich auf konkrete Tipps verzichten, die plump und missverständlich wirken könnten. Stattdessen will ich das Kapitel noch einmal zusammenfassen. Wer mit einem Beziehungsthema sehr einseitig umgeht, kann bei der Partnersuche in Sackgassen geraten. Ich kenne keinen Menschen, der sich in allen sechs Beziehungsbereichen souverän bewegt und überall einen guten Weg findet. Wir alle haben ein oder zwei Beziehungsthemen, die uns besonders herausfordern.

Sie haben sicher bemerkt: Es kommt dabei gar nicht auf Perfektion an oder darauf, ja keinen Fehler zu machen. Es gibt einen breiten Weg, auf dem die Partnersuche gelingt und der viel Spielraum lässt, ein Beziehungsthema so zu gestalten, dass es der eigenen Persönlichkeit entspricht. Nur wo man zum Extrem neigt, braucht es eine behutsame Korrektur.

Am Ende dieses Kapitels stelle ich die Beziehungsthemen und ihre Pole noch einmal zusammen. Wenn Sie sich selbst einschätzen möchten: Kopieren Sie die folgende Seite und kreuzen Sie auf dem Doppelpfeil an, zu welchem Pol Sie neigen. Lassen Sie sich von einem Freund oder einer Freundin einschätzen. Geben Sie ihm/ihr eine Kopie. Die Fremdwahrnehmung sieht immer ein wenig anders aus als die Selbstwahrnehmung. Falls Sie in einer Beziehung leben, könnten Sie beide sich selbst und den anderen einschätzen. Wo gehen Selbsteinschätzung und Fremdeinschätzung auseinander?

Starke Initiative	<---------->	Schwache Initiative
- geht auf andere zu - übt Einfluss aus - kann deutlich machen, was ihr/ihm fehlt		- lässt andere auf sich zukommen - geht auf andere ein - stellt eigene Bedürfnisse zurück
Starke Anteilnahme	<---------->	Schwache Anteilnahme
- fühlt sich stark ein - bietet schnell Hilfe an - spielt die Starke/den Starken		- ist oft mit sich selbst beschäftigt - sucht Hilfe und Verständnis - übersieht manchmal, was der andere braucht
Sehr nahbar	<---------->	Wenig nahbar
- offen für alle - setzt wenig Grenzen - verliert sich manchmal in anderen		- reserviert - zeigt wenig von seiner inneren Welt - überlässt es anderen, eine Brücke zu bauen

Starke Selbstdarstellung   <---------->   Schwache Selbstdarstellung
- redet und zeigt viel
  von sich
- macht auf eigene Stärken
  und Erfolge aufmerksam
- steht im Mittelpunkt

- passt sich an
- zeigt wenig von sich
- schätzt und bewundert
  andere

Starke Verantwortlichkeit   <---------->   Schwache Verantwortlichkeit
- nimmt Rücksicht auf
  Interessen und Gefühle
  anderer
- ist sehr gewissenhaft
- wirkt ernst und
  angespannt

- gibt sich kindlich und
  spielerisch
- sieht Pflichten eher locker
- übersieht manchmal die
  Folgen des eigenen Handelns

Sexuell stark ansprechbar   <---------->   Sexuell wenig ansprechbar
- wirkt sexuell interessiert
- starke Wirkung auf das
  andere Geschlecht
- am Thema ‚Mann-Frau'
  sehr interessiert

- wirkt sexuell desinteressiert
- wird als Frau/Mann
  übersehen
- vermeidet Thema
  ‚Mann-Frau'

Die Liebe prüfen

Glückliche Beziehungen unterscheiden sich von unglücklichen vor allem durch eines: ob die Beziehung von beiden gestaltet wird. Dazu gehören folgende Aktivitäten:
- eine Phase des Prüfens, ob ich mich auf einen Menschen mit seinen Stärken und Schwächen einlassen will und ob ich mich in dieser Beziehung dauerhaft wohlfühlen kann;
- zu den Dingen zu stehen, die für mich in einer Partnerschaft unverzichtbar sind;
- Beziehungsprobleme rechtzeitig anzugehen, bevor sie sich verfestigt haben;

Gut zusammenzupassen, das kann manches erleichtern. Aber entscheidender ist die Frage: Kann ich mit meinem Partner ein Beziehungsfundament aufbauen und mit Problemen konstruktiv umgehen? Können wir einander verständlich machen, was uns wichtig ist, und uns gegenseitig darin unterstützen?

Wer passt zu mir?
Manchmal mischt sich in die Verliebtheit ein Zweifel. Ist sie die Richtige, ist er der Richtige? Der Zweifel kann einer Angst entspringen, die überhaupt nichts mit dem anderen zu tun hat. Vielleicht haben sich die Eltern getrennt oder ein anderes Paar, das einem sehr nahestand. Oder einer hat erlebt, wie ein Paar in quälende Schwierigkeiten geraten ist. Das weckt eine Unsicherheit: Wird mir das auch passieren? Wie wird sich das bei uns entwickeln? Ein Zweifel kann aber auch im Zusammenspiel mit dem geliebten Menschen wachsen. Man entdeckt eine Eigenart am anderen und fragt sich: Werde ich damit klarkommen? Man enttäuscht den anderen und fragt sich: Werde ich seine Erwartungen erfüllen können?

Ich will ein paar Kriterien auflisten, die die Frage beantworten helfen, ob man zusammenpasst:

- Verstärken sich im Umgang mit ihr/ihm meine Schwächen oder meine Stärken? Werde ich schüchterner oder lebendiger? Mache ich bei ihr auf Macho oder kann ich mich zeigen, wie ich bin? Verstärkt er meine Helfertendenzen oder kann ich mich auch an ihn anlehnen? Mit dem richtigen Partner entsteht eine Atmosphäre, in der die eigenen Schwächen in den Hintergrund treten und die Stärken Raum gewinnen.
- Passt der andere zu meinen Lebensträumen? Zu meinen Vorstellungen von Beruf und Familie?
- Liegt eines der folgenden Alarmzeichen vor?
    * Der geliebte Mensch ähnelt der eigenen Mutter / dem eigenen Vater in auffälliger Weise.
    * Die Wahl dieses Partners würde meine Eltern schockieren: eine aufreizende Partnerin – die erzkonservativen Eltern; ein Lebenskünstler – die bürgerlich eingestellten Eltern; eine ausländische Partnerin – Eltern, die Fremdenangst hegen.
    * Die Beziehung ist manchmal wie eine Vater-Tochter-Beziehung oder eine Mutter-Sohn-Beziehung.

    In diesen Fällen ist die Liebe stark eingefärbt von Gefühlen, die die Ablösung von den Eltern mit sich bringt. Das zu durchschauen lässt das Verliebtsein manchmal verschwinden wie eine Fata Morgana. Doch es spricht nichts gegen Beziehungen, die so beginnen. Nur sollten sich solche Paare bewusst von den Eltern ablösen, dann kann sich die Beziehung von einem kindlichen in ein erwachsenes Stadium entwickeln.
- Was sagen Freunde und Bekannte zu der sich anbahnenden Beziehung? Positive Eindrücke werden spontan geäußert, negative verbergen sich oft hinter Zurückhaltung. Hier muss man fragen.

In den meisten Fällen bestätigt sich das Verliebtsein: „Ja, wenn ich die wichtigen Punkte durchgehe, dann passt es einfach." Wenn der Zweifel bleibt, kann das zwei unterschiedliche Gründe haben: Ich bin nicht sicher, ob ich das Leben will, das ich mit diesem Partner wählen würde. Das ist ein berechtigter Zweifel, denn die Partnerwahl kommt einer schwerwiegenden Lebensentscheidung gleich. Diese Frage kann man schlecht mit dem potenziellen Partner besprechen. Hier braucht es einen Dritten, der zuhört und der einem hilft, eine Entscheidung reifen zu lassen. Ein zweiter Zweifel kann sich an den Partner richten: Nimmst du mich an, wie ich bin, oder muss ich mich für dich verbiegen? Darf ich sagen, wenn mir etwas nicht guttut, und nimmst du dann Rücksicht auf mich? Können wir Schwierigkeiten gemeinsam lösen? Auch solche Fragen drücken einen berechtigten Zweifel aus, der zur Partnerwahl gehört. Sie heben das Prüfen auf eine nächste Ebene.

Was ist unverzichtbar?
Die Partnersuche hat eine Seite, die wenig romantisch ist. Den Richtigen finden heißt auch: nicht am Falschen hängen bleiben. Viele Menschen verbringen wichtige Lebensjahre mit dem falschen Lebenspartner. Teenager probieren Partnerschaft aus und entwickeln dabei eine Bindung an einen Menschen, den sie nie als Partner fürs Leben gesehen haben. Andere lassen sich auf eine Besser-als-nichts-Beziehung ein. Sie halten die Augen nach Besserem offen, aber ihre Partnerschaft behindert sie bei der Suche. Andere bleiben in einer Beziehung, die von Anfang an nicht glücklich war. Die Motive dafür sind so unterschiedlich wie die Lebensgeschichte von Menschen. Die einen fühlen sich nicht wertvoll genug, um auf mehr Glück zu hoffen. Andere wollen ihrem Partner den Trennungsschmerz nicht zumuten. Wieder andere hoffen täglich auf eine Veränderung, die alles zum Guten wendet. Sich vom falschen Partner zu trennen – das ist manchmal schwieriger, als später den richtigen Partner zu finden.

Aber was tun, wenn eine Beziehung lange in der Schwebe bleibt? Eine Beziehung klärt sich, wenn wir deutlich machen, was für uns unverzichtbar ist. Wir sträuben uns, Bedingungen für eine Beziehung zu formulieren. Vielleicht weil wir negative Beispiele kennen von Menschen, die unrealistische Bedingungen an eine Beziehung stellen. Aber wir alle haben Bedingungen, die erfüllt sein müssen, damit wir uns in einer Beziehung dauerhaft wohlfühlen können.

Welche Bedingungen einer braucht, um in seiner Partnerschaft glücklich zu sein, unterscheidet sich von Mensch zu Mensch. Was für den einen unverzichtbar ist, kann für den anderen nebensächlich sein. Folgende Punkte können für Menschen unverzichtbar sein:

- Freiraum: Jeder behält die Freiheit, seinen Interessen nachzugehen, eigene Freundschaften zu pflegen, Zeit allein zu verbringen.
- Zärtlichkeit: eine liebevolle Körpersprache, aufmerksame Worte und Gesten, die als Glücksquelle nie versiegen dürfen.
- Engagement: Beziehung heißt auch, gemeinsam für andere da sein, sei es für Verwandte, Nachbarn oder im Rahmen einer Hilfsorganisation.
- Lebensträume: Unterstützung finden für einen Wunsch, der auch den Partner betrifft: Kinder, ein Haustier, ein eigenes Haus, ein zeitintensives Hobby, ein Auslandsaufenthalt, ein Karrierewunsch.
- Glaube: Beziehung heißt, den Glauben gemeinsam auszuüben und das Leben an seinen Maßstäben auszurichten.
- Gespräch: teilen, was einen bewegt; Einfühlung erfahren; im Dialog sich selbst und den anderen immer besser verstehen lernen; seelische Berührung erfahren.
- Rücksicht: die Leistungs- und Toleranzgrenze des anderen respektieren; nicht mehr fordern, als der andere geben kann; mit wunden Punkten behutsam umgehen.
- Genuss: gemeinsam das Leben genießen und dafür auch Zeit und Geld einsetzen: Essen gehen, reisen, Kultur, Wellness, schöne Dinge kaufen.
- Gewaltfreiheit: Man setzt sich auseinander, ohne laut zu werden, zu beleidigen oder zu drohen.
- Streitkultur: Jeder darf in der Beziehung sagen, was er denkt und fühlt, auch dann, wenn es den anderen in Frage stellt; man darf Dinge unterschiedlich sehen; man darf darum streiten, dass jeder zu seinem Recht kommt.

Schon die ersten Stunden des Kennenlernens berühren Wünsche und Werte. Treffen wir uns in einem teuren Restaurant oder zu einem Picknick im Grünen? Vertiefen sich unsere Gespräche oder bleiben wir bei unkomplizierten Themen?

Solche Entscheidungen erscheinen nebensächlich, sind es aber nicht: Sie stellen schon die Weichen für die Zukunft. Wenn es um wichtige Weichenstellungen geht, braucht es Mut, um zu sich zu stehen:

- Ich mache dem anderen meine Wünsche und Werte verständlich. Ich erzähle Situationen aus meiner Lebensgeschichte, die deutlich machen, was mich geprägt hat, was ich nicht mehr erleben will und was ich mir wünsche. Ich beschreibe die Gefühle, die es bei mir auslöst, wenn sich eine wichtige Sache in der Beziehung nicht verwirklichen lässt.
- Ich sage ganz konkret, was ich mir wünsche und was mir guttut, gebe dem anderen aber Freiraum, seine eigene Art und Weise zu finden, in der er mir entgegenkommen kann.
- Zur Not spreche ich es deutlich aus: „Das ist für mich unverzichtbar." – „Ohne ... kann ich mir eine Partnerschaft nicht vorstellen." – „... bin ich nicht bereit zu akzeptieren."

Auf diese Weise wird rasch deutlich: Kann und will mir mein Partner in Punkten entgegenkommen, die für mich unverzichtbar sind? Können wir Kompromisse finden und Bedingungen schaffen, die jeder für eine glückliche Beziehung braucht? Kann und will ich für die Liebe ein Opfer bringen und auf etwas verzichten, dass mir bislang unverzichtbar erschien? Es entsteht eine Entscheidungsgrundlage.

In der psychotherapeutischen Begleitung junger Paare lässt sich immer wieder feststellen: Zweifel an der Beziehung haben besonders diejenigen, die dem Konflikt ausweichen. Wenn ein Partner zu seinen Werten und Wünschen steht, dann entsteht schnell Klarheit. Manche stellen dann fest: Für diese Liebe müsste ich ein Opfer bringen, das meine Seele überfordert. – Diese Liebe würde ich mit Leid erkaufen. – Dieser Partner kann oder will die Bedingungen nicht erfüllen, die ich für mein Lebensglück brauche.

Auch unverzichtbare Wünsche müssen nicht sofort und hundertprozentig erfüllt werden. Es genügt, wenn sie sich kompromisshaft verwirklichen lassen. Manchmal genügt es auch, wenn sich einer auf den Weg macht: „Ja, ich werde manchmal laut und beleidigend. Aber ich will an mir arbeiten. Ich suche mir einen Menschen, mit dem ich darüber spreche. Ich melde mich bei einem Kommunikationstraining an."

Auch die sozialpsychologische Forschung zeigt, dass man sich Beziehungsproblemen möglichst früh stellen sollte. Sozialpsychologen begleiteten 500 Paare über fünf Jahre. Die Forscher interessierten sich besonders für diejenigen unter den Paaren, die nach fünf Jahren getrennt sein würden. Die Ergebnisse lassen sich so zusammenfassen: Paare spüren die Spannungen schon sehr früh, die später zu einer Trennung führen. Aber nicht alle Paare, die anfänglich Probleme haben, trennen sich. Was aber unterscheidet die, die ihre anfänglichen Probleme überwinden, von denen, deren Beziehung schließlich scheitert? Die einen glauben an ihre Fähigkeit, Probleme lösen zu können, die anderen nicht. Die einen gehen schwierige Situationen konstruktiv und optimistisch an, die anderen fallen in Vorwürfe (besonders Männer) und Passivität (besonders Frauen).[15]

Die Beziehung in Bewegung bringen

Eine Beziehung gleicht einem Mobile. Das Gewicht seiner Teile bestimmt ein Gleichgewicht, auf das sich das Mobile immer wieder einpendelt. Man mag es an einer Seite ziehen oder anstoßen, nach wenigen Minuten befindet es sich wieder in seinem Ausgangszustand. Man muss schon ein Teil an eine andere Stelle schieben. Dann ändert sich nicht nur an dieser Stelle etwas. Das ganze Mobile gerät aus dem Gleichgewicht und muss sich neu einpendeln.

Viele Paare wollen ihrer Beziehung eine neue Richtung geben, sie ziehen und schieben an der Beziehung, um schon nach wenigen Tagen zu merken: Alles ist wieder beim Alten. Bitten, Kritik, Forderungen und Vorwürfe haben oft nur eine kurzfristige Wirkung. Und je häufiger man solche Mittel einsetzt, desto mehr nutzt sich ihre Wirkung ab. Weil sie bei dem, der sie hört, negative Gefühle auslösen. Weil der, der sie ausspricht, schon selbst nicht mehr an ihre Wirkung glaubt. Dabei kann

---

15 Manfred, Hassenbrauck; Beate Küpper (2002): Warum wir aufeinander fliegen. Die Gesetze der Partnerwahl. Rowohlt Verlag, Reinbeck bei Hamburg. S. 223.

schon einer die Beziehung in Bewegung bringen, wenn er seinen Standpunkt ändert.

Sie haben schon viele Beispiele kennengelernt: Das Zusammenspiel von Paaren bewegt sich im Kreis, einer verstärkt den anderen in seinem Verhalten, manchmal genau in dem, das ihn am meisten belastet. Das ist tragisch, birgt aber auch eine Chance: Ich kann bei mir anfangen. Nimmt mir der andere Entscheidungen ab, weil ich zögere und ausstrahle, dass ich hilflos bin? Breitet sich der andere mit seinen Bedürfnissen aus, weil ich meine Bedürfnisse zurückstelle? Gibt sich der andere so gönnerhaft, weil ich ihn immer bestätigt und nie mit seinen Schwächen konfrontiert habe?

Verlassen Sie doch einmal die eingeschliffenen Muster, freundlich, taktvoll, aber entschieden. Je mehr das seelische Gleichgewicht eines Partners von dem vertrauten Beziehungsmuster abhängt, desto mehr wird er es wieder in die alten Bahnen lenken. In kranken Beziehungen kommt es vor, dass ein Partner den alten Zustand mit Gewalt herstellen will. Das Spektrum der Druckmittel reicht von der Trennungsdrohung über Lautwerden, Szenen, Beleidigung bis hin zum Suizidversuch. In gesunden Beziehungen wird sich ein Partner bald an die Veränderung gewöhnen. Oft stellt sich sogar eine Erleichterung ein: „Die Rolle des Ratgebers hat mir zwar geschmeichelt, war aber auch anstrengend."

Manche Verhaltensweisen belasten die Beziehung, weil sie eine Wechselseitigkeit verhindern: Wenn einer ohne Pause redet; wenn einer Besitz oder Privatsphäre des anderen missachtet; wenn einer dem anderen vorenthält, was zu einer Partnerschaft gehört: Wertschätzung, Zärtlichkeit, Unterstützung. Den anderen mit einem solchen Verhalten zu konfrontieren, ist nicht leicht: „Frage mich bitte, bevor du ein Buch von mir verleihst." – „Manchmal ist es so offensichtlich, dass ich Hilfe brauchen würde. Könntest du dann nicht von dir aus Hilfe anbieten, ohne dass ich fragen muss?" Wir alle brauchen von Zeit zu Zeit einen kritischen Anstoß. Was aber, wenn ein Partner sein Verhalten nicht ändert? Dann gilt es, dem anderen die Gefühle zu zeigen, die sein Verhalten auslöst, und zwar so genau wie möglich: „Wenn du mich nicht zu Wort kommen lässt, dann fühle ich mich allein, obwohl wir zusammensitzen. Ich denke dann: „Jetzt könnte hier genauso gut jemand anders sitzen und du würdest ihm das Gleiche erzählen. Ich komme mir austauschbar vor. Wie eine Fernsehzuschauerin." Solche Rückmeldungen rütteln auf und setzen beim anderen etwas in Gang. Vielleicht muss man sie von Zeit zu Zeit wiederholen, mit anderen Worten und anderen Vergleichen, denn das Verhalten des anderen hat sich über Jahre eingeschliffen.

Beziehungsmuster beenden und Gefühlsbotschaften senden – mit diesen Mitteln lassen sich die meisten Beziehungen verändern. Die erotischen Anziehungskräfte haben einen Ausgangspunkt geschaffen, von dem aus sich das Paar weiterentwickelt, weg von den lebensgeschichtlichen Prägungen hin zu einer Beziehung, die zu den heutigen Bedürfnissen und Lebenszielen passt. Manchmal hält einer unkorrigierbar an seinem Verhalten fest, ein solcher Mensch verändert sich nur unter Druck. Oft baut erst eine Trennungsdrohung einen ausreichenden Druck auf, wenn sie ernst gemeint ist. Dieses letzte Mittel scheidet bei Menschen aus, die sich durch ihr Eheversprechen und eine Verantwortung für Kinder gebunden fühlen. Ihnen bleibt nur, sich mit dem, was ist, zu versöhnen. Das Unveränderliche anzunehmen, auch das verändert den Standpunkt. Manche Beziehungen sind von aussichtslosen Kämpfen geprägt, die über Jahrzehnte anhalten. Auch nach vielen Jahren hofft einer auf die entscheidende Veränderung und kämpft um sie. Die Wechselbäder von Hoffnung und Enttäuschung zermürben den, der um eine Veränderung kämpft. Seinen Partner zermürbt das Gefühl, es nie recht zu machen und nicht angenommen zu sein. Wer sich mit einer Belastung versöhnt oder mit einem unerfüllten Wunsch, der macht etwas durch, das Menschen erleben, die einen Verlust verkraften müssen – einen Trauerprozess: „Ich werde mich an seiner Seite nie ganz sicher fühlen können. Er ist ein Haudegen. Ich muss immer ein wenig auf der Hut sein und mich wehren, auch wenn mich das viel Kraft kostet." – „Er wird nie ein guter Zuhörer sein. In meiner Ehe werde ich viele Dinge nicht teilen können, die mich bewegen." – „Ich muss mein Selbstwertgefühl außerhalb der Beziehung finden. Wertschätzende Worte werden selten bleiben und die Kritik meines Partners nie aufwiegen." Unsere Seele hat die Fähigkeit, einen Verlust zu verkraften, zu trauern und sich dann dem Leben neu zu öffnen. Einen aussichtslosen Kampf aufzugeben, kann eine große Erleichterung bedeuten.

So zieht sich das Prüfen durch jede Phase der Paarbeziehung: Was kann und will ich akzeptieren, was kann und will ich ändern? Die psychotherapeutische Erfahrung mit Paaren legt folgenden Zusammenhang nahe: Wer am Anfang der Beziehung zu unkritisch ist, versäumt es, die Partnerschaft in seinem Sinne zu gestalten. Er wird später Enttäuschungen schwerer verkraften. Eine bewusste Entscheidung für den Partner und ein rechtzeitiges Ringen darum, die wichtigen Dinge in der Beziehung zu verwirklichen, gerade das hilft, auch die Schwächen der Beziehung anzunehmen.

Ein Geschenk des Himmels empfangen

Das letzte Kapitel führt in eine Welt, die manchen Lesern vertraut ist, anderen fremd erscheinen wird: die Welt religiöser Sichtweisen und Erfahrungen. Zwischen Verliebtsein und religiöser Erfahrung gibt es viele Parallelen: Beide vermitteln eine Sinnerfahrung. Beide verursachen einen Wertewandel – was vorher wichtig war, relativiert sich, neue Werte werden entdeckt. Verliebtsein und religiöse Erfahrungen vermitteln das Gefühl, die Grenzen des Ichs zu überschreiten. In diesem Kapitel beleuchte ich die religiöse Deutung der Liebe, ihre Erkenntnisse und Irrtümer. Glaube führt zu Gotteserfahrungen und schließt Menschen zu einer Wertegemeinschaft zusammen. So kann der Glaube Menschen auf die Liebe vorbereiten und ihnen helfen, ein tragfähiges Fundament für ihre Beziehung zu bauen.

„Mit dir ist es himmlisch." – „Wir sind füreinander geschaffen." – „Uns hat der Himmel zusammengeführt." Was liegt näher, als Liebe mit religiösen Deutungsmustern zu verstehen: Gott hat den passenden Partner für mich geschaffen, er wird uns zur rechten Zeit zusammenführen. Der Partner ist mein Schicksal: eine erlösende Antwort auf meine Geschichte und Aufgabe, die das Leben an mich stellt. Aber was für eine Rolle spielt Gott wirklich bei der Partnersuche und in der Partnerschaft: Heiratsvermittler? Ordnungshüter? Schiedsrichter? Karmaverwalter, der den einen Glück, den anderen leidvolle Prüfungen zuteilt? Leichter lässt sich sagen, was Gott nicht ist. Er ist kein Tauschpartner, der ein gutes Leben damit belohnt, dass er den richtigen Partner schenkt. Dafür gibt es zu viele Menschen, die ein vorbildliches Leben führen und trotzdem unter unerfüllter Liebe leiden. Gott ist auch keiner, der Menschen vor eine schicksalhafte Aufgabe stellt, indem er ihnen einen bestimmten Partner zuführt. Wirklich nicht? Was ist mit Menschen,
- die sich einen Partner mit schwerer Lebensgeschichte wählen und ihn glücklich machen wollen?
- die sich an einen schwierigen Menschen binden, weil er sich an ihrer Seite vielleicht in einen liebenswerten Menschen verwandelt?

- die ihre Bildung und ihr Einkommen mit einem Partner teilen, der in dieser Hinsicht nie eine echte Chance hatte?

Nimmt ein solches Verliebtsein nicht eine Aufgabe an, die ihm das Schicksal stellt? Auch wenn opferbereite Liebe allen Respekt verdient: Menschen übernehmen sich mit einer schicksalhaften Deutung ihrer Partnerwahl. Außerdem hat auch die opferbereite Partnerwahl ganz irdische Motive, einige davon habe ich in den vorangegangenen Kapiteln beschrieben.

Schließlich ist Gott auch kein Naturbeseeler, der ganz im Irdischen aufgeht und allein dort zu finden ist. Was Menschen in der Liebe finden, gibt keine ausreichende Antwort auf ihre religiöse Sehnsucht. Wer in einer Paarbeziehung Lebenssinn sucht, Heilung oder die Befreiung von einer existenziellen Einsamkeit, wird seinen Partner schnell überfordern.

In drei Abschnitten versuche ich zu beschreiben, welche Rolle Gott bei der Partnersuche und in der Paarbeziehung spielen kann:
- die Beziehungsfähigkeit entfalten
- mit einem Rückhalt suchen
- der Beziehung einen Rahmen geben

Ich beziehe mich auf den Erfahrungsschatz der christlichen Tradition und auf die Erfahrungen, die Menschen heute machen, wenn sie Partnerschaft in der Dreiecksbeziehung mit Gott denken und gestalten.

Die Beziehungsfähigkeit entfalten

Der christliche Glaube fasst die Gottesbeziehung als innige, intime Beziehung auf. Die Autoren der Bibel vergleichen die Gottesbeziehung mit einer Verlobung, mit einer Hochzeit, sogar mit dem Liebesakt. Glaube, der nicht intim wird, ist von seinem Wesen her kein christlicher Glaube. Im wichtigsten christlichen Gebot verbinden sich Gottesliebe und Nächstenliebe. Und die Kirchenväter betonen, dass man beides nicht auseinanderreißen kann: „Wenn jemand spricht: Ich liebe Gott, und hasst seinen Bruder, der ist ein Lügner. Denn wer seinen Bruder nicht liebt, den er sieht, der kann nicht Gott lieben, den er nicht sieht."[16] In der Gottesbeziehung entfaltet sich die Beziehungsfähigkeit. Wie das konkret werden kann, will ich in den folgenden Abschnitten veranschaulichen.

Gebet
Vor Gott das Herz ausschütten. Sorgen in Bitten ausdrücken. Fragend der Weisheit Gottes lauschen. Was oft zögernd und stammelnd beginnt, kann sich zu einer intensiven Zwiesprache entwickeln. Welche Höhen die Kommunikation mit Gott erreichen kann, zeigen die Psalmgebete in der Bibel. Dort kann man nachvollziehen, wie sich ein Betender in der Zwiesprache mit Gott formt und wie er Antwort findet. In den Psalmgebeten finden sich alle Merkmale reifer Kommunikation: Authentizität, die Freiheit, zu den eigenen Gefühlen zu stehen, Konfliktbereitschaft, die Fähigkeit, sich selbst zu relativieren, die Fähigkeit, vom Ich zum Wir zu finden.

Meditation
Meditieren heißt, ein Bild so lange betrachten, bis sich die Wirklichkeit zeigt, für die das Bild steht. Meditieren heißt, sich in ein Bild hineinzuleben, bis es die eigenen Gefühle prägt und das künftige Verhalten formt. „Der Herr ist mein Hirte, mir wird nichts mangeln. Er weidet mich auf einer grünen Aue und führt mich zum frischen Wasser. [...] Und ob ich schon wanderte im finstern Tal, fürchte ich kein Unglück; denn du bist bei mir, dein Stecken und Stab trösten mich" (Psalm 23). Ein solches Bild kann erschüttertes Vertrauen stärken. Es hilft, sich dem Leben zu öffnen und sich nicht von Angst bestimmen zu lassen.

Spuren suchen
Glaube schafft neue Deutungsmuster für die eigene Lebensgeschichte.

---
16 1. Johannesbrief 4,20.

Er hilft, Gottes Spuren in der eigenen Geschichte aufzuspüren. Dazu muss man allerdings seinen Kinderglauben überwinden, sonst zieht man kindliche Deutungsmuster heran: „Wenn ich Gutes erlebe, belohnt mich Gott, mit schlimmen Erfahrungen straft er mich." – „Wenn ich lieb bin, erfüllt Gott meine Wünsche, wenn er es nicht tut, muss ich böse gewesen sein." – „Wenn ich Gottes Nähe nicht spüre, hat er mir seine Liebe entzogen." – „Gott schickt mir schwere Erfahrungen, um mich zu erziehen." Solche Deutungen entspringen einem Kinderglauben, der in Gott einen Erzieher sieht. Die Bibel überliefert Deutungsmuster, die den Lebensweg positiv formen können: Welche Gaben sind mir geschenkt und welche Verantwortung wächst mir mit ihnen zu? Was hat Macht über mich gewonnen (Suchtverhalten, Geiz, Angst, Unversöhnlichkeit) und wo reicht mir Gott eine Hand, um mich daraus zu befreien? Welche Menschen sind mir im Auftrag Gottes begegnet, die mir helfen, mich dem Leben und einer Beziehung zu Gott zu öffnen? Sich mit seiner Geschichte versöhnen, heißt positiv im Leben stehen: dankbar, optimistisch, verantwortungsbereit.

Familienleben
Glaube ändert die Familienverhältnisse. Die „Kinder Gottes" finden sich in einer Gemeinde als Schwestern und Brüder zusammen. Glaube verbindet Menschen, die sich sonst nie nahegekommen wären, Menschen unterschiedlicher Bildung, unterschiedlichen Einkommens, unterschiedlicher Kulturen und Charaktere. Die Unterschiede fordern christliches Familienleben manchmal bis an ihre Grenzen, aber oft entfaltet sich in der Gemeinde das Modell einer versöhnten Welt. Ein solches Familienleben bereitet auf Partnerschaft vor, deren Gelingen und Scheitern davon abhängt, wie ein Paar mit Unterschieden umgeht.

Liebesfähigkeit braucht Übungsfelder, um sich zu entwickeln, genau wie unsere geistigen Fähigkeiten und unsere körperliche Fitness. Eine Gottesbeziehung und die Praxis des christlichen Glaubens entfalten die Liebesfähigkeit. Eine Partnerschaft fordert unsere Liebesfähigkeit heraus. Wer mit einem ungeübten Liebesvermögen in eine Beziehung geht, wird seine Erfahrungen machen, wie ein untrainierter Radfahrer, der sich auf eine mehrtägige Tour einlässt: Nach anfänglichem Schwung wird die Tour zur Strapaze, die den Gedanken weckt, aufzugeben.

Mir einem Rückhalt suchen
Wer würde sich nicht ein Zeichen vom Himmel wünschen, wenn es um die Partnerwahl geht? Aber zu keiner Zeit ist das Urteilsvermögen eines Menschen so eingeschränkt wie durch eine Liebeshoffnung. In diesem Zustand verliert auch der Frömmste seine Fähigkeit, Gottes ordnende Hand in seinem Leben zu erkennen. Er wird Opfer von Projektionsvorgängen: seine Wünsche und Ängste erscheinen ihm als Wille Gottes. Ich kenne Menschen, die überzeugt waren, dass Gott ihnen den Partner fürs Leben gezeigt hat, und die doch in ihrer Liebeshoffnung enttäuscht wurden. Ich kenne Paare, die sich sicher waren, dass Gott sie zueinandergeführt hat, und deren Beziehung trotzdem gescheitert ist. Auch Ängste kleiden sich manchmal in den Willen Gottes: „Gott hat mir gezeigt, dass sie nicht die Richtige ist." Dabei waren es Bindungsängste, die ein näheres Kennenlernen verhindert haben.

Wer eine enge Beziehung zu Gott pflegt, wird die Partnersuche trotzdem nicht ohne ihn angehen wollen. Gottes Begleitung gleicht vielleicht der eines Trainers, der beim Wettkampf weder mitspielt noch eingreift. Aber er bereitet seine Schützlinge gut vor, feuert in der Pause ihr Durchhaltevermögen an und hilft ihnen, das Ergebnis des Wettkampfs positiv zu verarbeiten, selbst wenn es eine Niederlage war.

Ungestillte Bedürfnisse
Wenn ich als verheirateter Mann über ungestillte Bedürfnisse schreibe, kann das leicht uneinfühlsam wirken: „Na, der hat leicht reden." Je nach Lebensphase können ungestillte Bedürfnisse so schmerzhaft werden, dass sie nur nachvollziehen kann, wer gerade Ähnliches erlebt. Trotzdem möchte ich einige Sichtweisen weitergeben, die mir hilfreich erscheinen.

Ungestillte Bedürfnisse müssen sich ausdrücken dürfen. Wenn sie schon nicht gestillt werden, müssen sie zumindest ihr Existenzrecht spüren. Weil sie zur Intimsphäre von Menschen gehören, brauchen sie einen geschützten Raum, in dem sie sich zeigen dürfen. Das kann die Zwiesprache mit Gott sein, das kann ein nahestehender Mensch sein oder auch ein Seelsorger – Situationen, in denen die ermutigende Gegenwart Gottes erfahrbar werden kann. Mancher glaubt, er müsse seine Bedürfnisse unterdrücken, damit sie nicht übermächtig werden. Aber das Gegenteil ist der Fall: zu Bedürfnissen zu stehen und sie einmal auszusprechen wirkt wie ein Ventil. →

Ungestillte Bedürfnisse brauchen eine Klärung. Menschen können mit vielen ungestillten Bedürfnissen leben – meist sind es nur ein oder zwei Bereiche, in denen der Mangel quälend wird. Es lohnt sich herauszufinden: Welches Bedürfnis ist es genau, das gerade schmerzhaft frustriert wird? Fehlt mir Zärtlichkeit, die sexuelle Erfahrung, das vertraute Gespräch, die Bestätigung, dass ich als Frau oder Mann einen Wert habe, das Gefühl, an einer gemeinsamen Zukunft zu bauen? Je genauer einer den Mangel identifiziert, der wirklich schmerzt, desto eher kann er ihn lindern. Er bringt ihn in die Zwiesprache mit Gott und vertraut ihn seiner Versorgung an. Und er wird in Freundschaften darauf achten, dass dieses Bedürfnis auf seine Kosten kommt. Das will ich in einem Beispiel veranschaulichen, das am ehesten Widerspruch provoziert. Selbst ein sexuelles Bedürfnis kann in Freundschaften bis zu einem gewissen Grad gestillt werden. Denn jede gute Beziehung beinhaltet eine grundlegende Erotik, in der sich die Innigkeit der frühen Eltern-Kind-Beziehung fortsetzt. Diese ist die Vorstufe, aus der sich die Sexualität im engeren Sinn entwickelt. Eine grundlegende Erotik drückt sich zum Beispiel als Innigkeit aus, wenn sich Freunde umarmen, scherzen, sich liebevoll provozieren, sich Einblick in ihre Gefühle geben und damit eine seelische Berührung zulassen. Dem kann man sich öffnen, ohne dass eine sexualisierte oder homoerotische Atmosphäre entsteht. Singlefreundschaften haben manchmal eine Intensität, die davon lebt, dass die erotische Energie beider in die Beziehung einfließt, mehr als es bei gebundenen Menschen der Fall ist. Wer eine solche Erfahrung im Spiegel seiner Gottesbeziehung deutet, wird vielleicht feststellen: Gott mutet mir Wüstenerfahrungen zu, aber er lässt mich nicht verdursten.

Ungestillte Bedürfnisse lassen sich als Sehnsucht bezeichnen und die hat eine wichtige Funktion. Sehnsucht setzt in Bewegung und motiviert zu Schritten, die mit Risiken verbunden sind. Sehnsucht weckt eine Opferbereitschaft, die Bereitschaft einen Preis zu zahlen, um das ersehnte Ziel zu erreichen. Manchen Menschen entgeht die formende Phase der Sehnsucht, zum Beispiel weil sie schon als Teenager eine Partnerschaft beginnen. Die Teeniezeit als Paar zu erleben hat viele schöne Seiten. Aber irgendwann wird die Beziehung beiden einen Preis abverlangen, einen Verzicht oder eine seelische Anstrengung. Nun muss das junge Paar entwickeln, was die Sehnsucht in anderen Menschen schon geformt hat: ein Bewusstsein für den Wert einer Paarbeziehung und die Bereitschaft, einen Preis für sie zu zahlen. Es ist ein Reifezeichen der Liebe, wenn sie um den Wert der Beziehung weiß, und Sehnsucht lässt die Liebe reifen. Auch wer in seiner Gottesbeziehung tiefe, prägende Erfahrungen macht, erlebt doch auch eine Frustration: Nie ist die Beziehung zu Gott so nah und innig, dass sie unsere Sehnsucht ganz stillt. Vielleicht würde mit der Sehnsucht auch die Quelle verloren gehen, aus der Liebe und Wertschätzung entspringen.

Der Beziehung einen Rahmen geben

Auch die besten menschlichen Kräfte brauchen Grenzen, damit ihre Wirkung positiv bleibt. Der Siegeswille des Sportlers braucht ein Spielfeld und Spielregeln – nur so entsteht ein sinnvoller Wettkampf, bei dem sich nur selten einer verletzt. Ein feuriger Redner braucht eine Gliederung und muss sich an den Zeitrahmen halten, andernfalls verärgert er seine Zuhörer. Auch erotische Kräfte brauchen einen begrenzenden Rahmen, das hat vor allem zwei Gründe. Erstens wirken erotische Kräfte unbewusst, sie werden erst bewusst, wo sie auf eine Grenze stoßen. Der Mann, dem sich eine Frau schon am ersten Abend hingibt, wird seine Lüsternheit für Liebe halten. Wenn er aber zurückgewiesen wird, offenbart sich ein frustrierter Zorn und der Wunsch, die Frau zu drängen – nicht unbedingt ein Zeichen von Liebe, schon eher die Enthüllung erotischen Besitzstrebens. Darüber hinaus formen die erotischen Kräfte eine Beziehung so, dass sich altes Liebesglück und Liebesleid wiederholen. Diese rückwärts gewandten Kräfte brauchen Gegenkräfte, die die Beziehung nach vorne lenken, auf eine gemeinsame Zukunft hin.

Aber woher die Regeln nehmen, die der Beziehung einen Rahmen geben? Die Kirchen haben ihren Einfluss als Wertegemeinschaft vielerorts verspielt, weil sie sich dem Zeitgeist angepasst haben und in ihrem Auftrag nicht mehr erkennbar sind. Oder weil ihre Maßstäbe wirklichkeitsfern geworden sind und den Menschen nicht mehr vermittelbar sind. Dennoch gibt es in den Kirchen glaubwürdige Wertegemeinschaften, in denen sich auch junge Menschen prägen lassen. Solche Gemeinden finden sich in der evangelischen und katholischen Kirche. Sie finden sich auch in den evangelischen Freikirchen. Wer sich dort prägen lässt, findet einen Fahrplan für die Entwicklung seiner Paarbeziehung. Und er findet Regeln, die zum Gedeihen einer Beziehung beitragen und die bei der Bewältigung von Krisen helfen.

Ein Fahrplan für die Beziehung

Wann zeigt man sich öffentlich als Paar? Wann lässt man den anderen an seinem Geld teilhaben, wenn man mehr verdient? Wann zieht man zusammen? Wann öffnet man sich für Sexualität? Das Timing der Beziehung steuern viele Paare nach Gefühl – oder anders ausgedrückt: Sie überlassen es den unbewussten Anziehungskräften, in welchem Tempo sich die Beziehung entwickelt. In unserer liberalen Gesellschaft ist alles möglich. Ein Paar kann in der ersten Nacht miteinander schlafen und bald darauf zusammenziehen. Oder es kann noch in getrennten Wohnungen leben, wenn schon das erste gemeinsame Kind da ist. Solche Partnerschaften sind selten das Ergebnis einer bewussten Entscheidung, sie entwickeln sich einfach so.

Wer eine Beziehung positiv formen will, braucht einen Fahrplan, an dem er sich orientiert. Ein Fahrplan bremst voreilige Entscheidungen und er macht darauf aufmerksam, wenn anstehende Beziehungsschritte herausgezögert werden. Ich skizziere Ihnen einen Fahrplan, wie er in kirchlichen Wertegemeinschaften gelebt und unterstützt wird.

Station 1: Kennenlernen. Zwei Menschen drücken ihr Interesse aneinander aus, öffnen sich, begegnen sich häufig. Ihr Umgang miteinander macht deutlich: Wir mögen uns, sind aber noch kein Paar. Wir lernen uns erst kennen.
Station 2: Partnerschaft. Menschen offenbaren ihre gegenseitige Liebe, zunächst einander, dann auch ihrem Umfeld. Die Liebe ist verbindlich, aber nur bis zu einem gewissen Grad. Sie schließt Liebeserfahrungen außerhalb der Partnerschaft aus, hält aber die Zukunft offen. Es werden noch keine Lebensentscheidungen zugunsten des Partners getroffen, was zum Beispiel den Wohnort angeht, den Beruf oder ein finanzielles Engagement in das Leben des anderen. Auch Zärtlichkeiten gehen nur so weit, dass eine sexuelle Bindung aneinander ausbleibt.
Station 3: Verlobung. Das Paar macht die Beziehung so verbindlich, dass erste Lebensentscheidungen zugunsten der Beziehung getroffen werden können. Entscheidungen über den Wohnort, den Arbeitsplatz, gemeinsame Freundschaften werden nun so getroffen, dass sie eine gemeinsame Zukunft unterstützen. Die Weichen sind gestellt, nur wenn gravierende Probleme auftauchen, wird man die Beziehung noch einmal in Frage stellen.
Station 4: Die Ehe. Erst wenn die Liebe von einer Lebensentscheidung getragen und ganz verbindlich ist, öffnet sich das Paar einer sexuellen Bindung und riskiert eine Gütergemeinschaft, was Besitz, Einkommen, Zeit, Kraft und Fähigkeiten angeht.

Sie merken, wie fremd ein solcher Fahrplan unserem Zeitgeist ist. Wir alle genießen die Segnungen der liberalen Gesellschaft, in der wir frei denken und leben dürfen. Aber die liberale Gesellschaft hat eine Schwäche: Sie setzt den erotischen Kräften nur dort ihren Widerstand entgegen, wo sie kriminelle Formen annehmen. Davon abgesehen bietet sie den erotischen Kräften keinen formenden Widerstand. So regieren die erotischen Kräfte, die sofort genießen wollen, was zu genießen ist: Sex, den gemeinsamen Alltag, die Güter und Fähigkeiten des Partners. Und es regieren erotische Ängste, die sich Fluchtmöglichkeiten und andere Optionen offenhalten wollen. Der Preis dieser Freiheit spiegelt sich in den Statistiken: Jede zweite Ehe wird geschieden, mehr als ein Drittel unserer Kinder wächst nicht mit beiden Eltern auf, etwa ein Drittel aller Paare bekennt sich zu Seitensprüngen. Diese Zahlen, in denen sich unsichere Bindungen spiegeln, steigen seit Jahrzehnten an.

Ein Fahrplan für die Beziehung lässt sich mit einem Trainingsplan oder einem Studienplan vergleichen. Der Sportler empfindet den Trainingsplan manchmal als Last oder als einengenden Zwang, genauso wie der Student seinen Studienplan. Aber beiden hilft der Plan, ihr Potenzial zu entfalten und einen Ausgleich zwischen Vergnügen und Disziplin zu finden. Ein Fahrplan für die Liebe schafft ein Gleichgewicht zwischen Lust und Verantwortung, Gefühl und Vernunft, Freiheit und Verbindlichkeit.

Grundregeln

Verhaltensweisen, die einer Beziehung guttun, kann man zu einigen Regeln zusammenfassen. Es sind Regeln, die vermutlich jeder gut finden wird, die aber im Alltag schnell vergessen sind.

- Die Regel der Gegenseitigkeit: Behandle den anderen so, wie du auch behandelt werden möchtest.
- Die Regel der Gewaltfreiheit: Erpressung, Drohung, Einschüchterung und Manipulation scheiden als Mittel der Beeinflussung aus.
- Die Regel des Vertrauens: Respektiere die Intimsphäre des anderen, forsche ihn nicht aus, gehe behutsam um mit dem, was das Zusammenleben vom anderen offenbart.
- Die Regel der Wertschätzung: Achte den anderen als Persönlichkeit mit seiner Freiheit, seiner eigenen Geschichte und in seinen einzigartigen Eigenschaften. Wiege jedes kritische Wort durch fünf Worte der Wertschätzung auf.[17]
- Die Regel der Vergebung: Du musst dich nicht zum Opfer der Schwächen des anderen machen. Aber wo er sich entschuldigt, vergib. Rechne vergangene Verletzungen nicht auf. Versöhne dich, sobald es möglich ist.

---

[17] Die 5:1-Formel, die man bei der Analyse glücklicher Partnerschaften gefunden hat. Bas Kast (2006): Die Liebe und wie sich Leidenschaft erklärt. Fischer Taschenbuch Verlag, Frankfurt am Main. S. 119.

Eine Paarbeziehung lebt und stirbt mit den Umgangsregeln, die sich in ihr verwirklichen. Das zeigt auch die psychologische Forschung: Der amerikanische Eheforscher John Gottman untersuchte, was Beziehungen scheitern lässt. Seine Forschungsergebnisse fasste er zu fünf „apokalyptischen Reitern" zusammen: Kritik, Verteidigung, Verachtung, Rückzug, Machtdemonstration.[18] Solche Verhaltensweisen kündigen den Untergang der Beziehung an.

Unsere menschliche Natur widersetzt sich den Regeln guten Zusammenlebens. Auf Dauer kann sie nur einhalten, wer von einer Wertegemeinschaft ermutigt wird und wer in seiner Gottesbeziehung darum ringt, nach der eigenen Überzeugung handeln zu können. Dabei kommt es nicht auf moralische Vollkommenheit an. Es genügt, zu seinen Fehlern zu stehen und sich immer neu an guten Maßstäben auszurichten.

---

18 Bas Kast (2006): Die Liebe und wie sich Leidenschaft erklärt. Fischer Taschenbuch Verlag, Frankfurt am Main. S. 133f.

Nachwort

Meinen Milchkaffee habe ich fast ausgetrunken. Vor dem Bäckereicafé belebt sich die Straße. Die Tauben turteln nicht, sondern picken Krümel auf. Schüler fahren mit dem Rad vorbei, vielleicht werden sie in der Mathestunde träumen, wie es wäre mit ihm oder ihr ... Eine ältere Dame am Nebentisch studiert die Zeitung, ist sie alleinstehend?

Die letzten Zeilen sind geschrieben und ich gehe in Gedanken noch einmal die Kapitel durch: Die psychologische Forschung, die gerade das als Risiko ausmacht, was zu erotischer Anziehung führt: die aufregenden Unterschiede. Die Beziehungsthemen, um die sich Partnerschaften drehen: Nähe und Abstand, Selbstwert, Leid und Mangel, Macht, Verantwortung und Sexualität. Was die Partnersuche scheitern lässt und was ihr Chancen gibt. Die unromantische Aufgabe, eine Beziehung zu prüfen. Partnerschaften, die aus einer Gottesbeziehung heraus gestaltet und in einer Wertegemeinschaft gelebt werden.

Was will ich eigentlich sagen mit dem Buch? Ein wenig warnen will ich: In der Paarbeziehung wirken lebensgeschichtliche Kräfte, die frühes Liebesleid wieder aufleben lassen. In Beziehungen wirken gesellschaftliche Kräfte, die selbst eine Partnerschaft zum Ort der Selbstverwirklichung machen – ein gefährliches Paradox.

Daneben möchte ich etwas von der Weisheit weitergeben, die in der psychotherapeutischen Tradition erschlossen wurde. Man kann durchschauen, welche Wünsche und Ängste man in eine Beziehung mitbringt. Man kann lernen, wie man mit den wichtigen Beziehungsthemen so umgeht, dass die Liebe wachsen kann.

Meine Tasse ist leer, der Alltag ruft. Heute begegne ich einer Frau, die als Kind Gewalt erfahren hat, in ihren zwei Ehen auch. Jetzt wird sie von ihrem Exfreund bedroht, der die Trennung nicht akzeptieren will. Ich begegne einem Familienvater, der nie aus der Rolle des kleinen Jungen herausgefunden hat. Seine Frau hat sich getrennt und nun kann er den Alltag nicht mehr mit seinen Kindern teilen. Ich begegne einer Frau, die sich an einen Manager gebunden hat und von ihm wie ein dummes Schulmädchen behandelt wird. Drei begabte, kluge Persönlichkeiten. Wäre ihr Leid nicht vermeidbar gewesen? Ich träume von dem Tag, an dem es für jeden emotionale Bildung gibt. Warum nicht schon an Berufsschulen und Gymnasien lernen, was wir über das Geheimnis der Partnerwahl wissen?

Literatur

Berger, Jörg (2007): Ein loderndes Feuer. Frauen, Männer und das Wagnis der Intimität. Verlag der Francke-Buchhandlung, Marburg.

Berger, Jörg (2009): Faszination Ich. Grenzen der Selbstverwirklichung. Hänssler Verlag, Holzgerlingen.

Felmlee, Diane (1998): Fatal attractions: Contradictions in Intimate Relationships. In: John H. Harvey. Perspectives on Loss. Routledge Chapman & Hall.

Hantel-Quitmann, Wolfgang (2007): Der Geheimplan der Liebe. Zur Psychologie der Partnerwahl. Herder Verlag, Freiburg.

Hassenbrauck, Manfred; Küpper, Beate (2002): Warum wir aufeinander fliegen. Die Gesetze der Partnerwahl. Rowohlt Verlag, Reinbeck bei Hamburg.

Kast, Bas (2006): Die Liebe und wie sich Leidenschaft erklärt. Fischer Taschenbuch Verlag, Frankfurt am Main.

Möller, Michael Lukas (1992): Die Wahrheit beginnt zu zweit. Das Paar im Gespräch. Rowohlt Verlag, Reinbeck bei Hamburg.

Schmidt, Gunter, und Mitarbeiter (2003): Beziehungsformen und Beziehungsverläufe im sozialen Wandel. Zeitschrift für Sexualforschung 16 (Heft 3).

Stiemerling, Dietmar (2000): Was die Liebe scheitern lässt. Pfeiffer bei Klett-Cotta Verlag, Stuttgart.

Willi, Jürg (1988): Die Zweierbeziehung. Rowohlt Verlag, Reinbeck bei Hamburg.

Willi, Jürg (1991): Was hält Paare zusammen? Rowohlt Verlag, Reinbeck bei Hamburg.